T0380731

# Божественное видение и вехи

DAVID SOHN

iUniverse

Божественное видение и вехи

Copyright © 2024 David Sohn.

All rights reserved. No part of this book may be used or reproduced by any means,
graphic, electronic, or mechanical, including photocopying, recording, taping or by
any information storage retrieval system without the written permission of the author
except in the case of brief quotations embodied in critical articles and reviews.

iUniverse books may be ordered through booksellers or by contacting:

iUniverse
1663 Liberty Drive
Bloomington, IN 47403
www.iuniverse.com
844-349-9409

Because of the dynamic nature of the Internet, any web addresses or links contained in
this book may have changed since publication and may no longer be valid. The views
expressed in this work are solely those of the author and do not necessarily reflect the views
of the publisher, and the publisher hereby disclaims any responsibility for them.

Any people depicted in stock imagery provided by Getty Images are models,
and such images are being used for illustrative purposes only.
Certain stock imagery © Getty Images.

ISBN: 978-1-6632-6503-6 (sc)
ISBN: 978-1-6632-6504-3 (e)

Print information available on the last page.

iUniverse rev. date: 07/20/2024

# Письма-представления

Его Преподобие д-р Дэниел Ли, основатель Церкви Глобальной миссии и старший пастор Центра лидерства Всемирной миссии.

Каждый из нас мечтает о стабильном успехе на привычном ему месте и в привычном русле. Однако все наши успехи, которые накладывают колоссальный отпечаток на нашу историю, являются результатом серьезных противостояний и испытаний.

Поэтому, в конечном итоге, мы осознаем, что путь, который мы проходим со всеми трудностями и испытаниями — это Божье вмешательство и руководство. Именно он является Божьей ступенью. Будучи рожденным в Корее, США, а не Корея, стали тем полем, на котором он преодолел испытания своего жизненного пути. В конечном итоге, он смог добиться хорошего положения на своей родине и в Юго-Восточной Азии, показывая плоды тех, кто мечтает об образовании, предпринимательской деятельности, строительстве и управлении, в отличие от военного дела.

Он является одним из тех людей, которые видели непростую жизнь, будучи старшим пастором церкви, когда его мечта возводилась по кирпичикам.

Бросив вызов большинству американского общества, он смог добиться того, что, казалось бы, невозможным, оставив после себя следы, которые послужили вкладом в развитие его родины. Кроме того, будучи президентом университета IGlobal, бросая вызов киберпространству, он оказал помощь многим молодым личностям в обретении глобального видения. В его лице я вижу сходство с Иосифом, верующим человеком, о котором говорится в Библии. Только поглядите на этого мечтателя!

«Иосифу во всём сопутствует успех, он подобен плодоносящей лозе, растущей у ручья, лозе, забор обвивающей» (Бытие 49:22). Это человек, который преодолевает препятствия, принося пользу и оказывая доброе влияние. А все потому, что он обрел корни жизни, благодаря источнику вечности. Я убежден, что доктор Сон был наделен таким источником благодаря доброжелательности и молитвам его мудрой супруги и спутницы жизни, дьякона и его внука. Я искренне надеюсь, что книга «Божественное видение и вехи» станет своеобразным учебником для последующего поколения, а также для всех тех, кто мечтает выйти за рамки своих возможностей и оставить положительный след на пути человечества. Сегодня, наблюдая за периодом после коронавируса и мечтая о новой истории, я нисколько не сомневаюсь, что полученные из этой книги уроки наложат отпечаток на нашу жизнь, особенно на жизнь тех, для кого каждый день становится новым вызовом.

Осень, 2021г.

Ён Гын Ли, доктор философии. Ныне действующий старейшина центральной церкви Мён Рён. Действующий профессор кафедры, Университет штата Нью-Йорк, Корея Бывший вице-президент корпорации международного аэропорта Инчхон, бывший Директор Управления свободной экономической зоны Инчхон

В начале 1990-х годов, в то время, когда он разрабатывал генеральный план международного аэропорта Инчхон, он познакомился с председателем Соном, который преуспел в учебе в Соединенных Штатах и грезил об американской мечте. Тогда, Федеральное авиационное управление США (ФАУ) очень нуждалось в новых идеях, как ни странно, тех, кто совершенно не имел опыта в строительстве крупнейших аэропортов. И именно тогда, председатель совета директоров Сон пригласил бывших сотрудников ФАУ к сотрудничеству с компанией ICT, которой он руководит, в качестве консультантов по нашему генеральному плану. Так все и началось.

В этом смысле, мы с председателем Соном, который оказал неоценимую помощь в строительстве международного аэропорта Инчхон, во многом схожи. Мы оба учились в школе в Инчхоне, вместе участвовали в процессе проектирования и строительства аэропорта Инчхон. И каждый раз, когда я посещаю Корею, я вспоминаю об этом. Я очень надеюсь, что эта книга придаст силы молодым людям, которые сейчас переживают трудные времена из-за коронавируса, и позволит им укрепить свою веру в Бога, существующего и творящего нам во благо и по сей день.

Издаваемая автобиография бесценна. Уверен, книга будет вдохновлять не только меня, но и мою супругу и семью, которые всегда оказывают мне помощь своими молитвами. Я верю, что наш Бог не поскупится на похвалу и одобрение. Версия этой книги на корейском языке была переведена на монгольский, казахский, русский и непали. В свою очередь, я хотел бы дополнить ее письмом поддержки, с надеждой, что эта книга станет ценным примером, дающим большую надежду всем тем, кто столкнулся с сомнениями и страхом перед будущим.

Ноябрь 2021 года. Сонгдо, откуда открывается вид на международный аэропорт Инчхон.

Его Преподобие д-р Санг Хван Ко Старший пастор баптистской Церкви Глобальной Миссии Силиконовой долины. Профессор (внештатный преподаватель) семинарии Гейтвей, Профессор Юго-Западной баптистской богословской семинарии.

Я был свидетелем того, как он проходил сквозь все трудности и проблемы с упорством, не сдаваясь, продолжая добиваться своих целей. Будучи представителем американского меньшинства, я прекрасно знаю тяготы жизни, и поэтому, когда я говорю о нем, я всегда вспоминаю о его выдающихся способностях.

Считаю обязательным упомянуть о том, какой выдержанной и одновременно гармоничной личностью он является. Он - человек с характером. Однако не смотря на его стойкость, вместе со своей супругой (Мок Джа Сон) он всегда проявляет сострадание к нуждающимся ближним, не показывая своего характера. Он настолько скромен, что о его работе, в частности о создании и сотрудничестве своей IT-компании с Федеральным авиационным управлением (ФАУ) и строительстве международного аэропорта Инчхон могли знать только его близкие друзья.

Со временем в жизни доктора Сона все больше и больше проявлялась духовность. Мы счастливы видеть, как доктор Сон несет свое благое влияние в мир, стараясь стать подобным Иисусу, одновременно стремясь к постоянному общению с Богом. О своей мечте о Царстве Божьем, охватывающем большой мир, я услышал от него, когда он уже достиг американской мечты. В своих молитвах я просил Бога, чтобы он смог взрастить таланты мирового уровня, которые бы понимали Царствие Божье. Ему было нелегко. Однако сейчас он счастлив видеть, как его мечта воплощается в жизнь благодаря университету IGlobal. И каждый раз, когда я его вижу, он не перестает говорить о своей незаконченной мечте о большем мире, дарованном Богом.

В своих молитвах, призывая Бога к вдохновению его ближних, он взывает к «вечной молодости». Впервые услышав о его мечте, я даже не представлял, что такое можно достичь. Однако, не смотря на трудности, он сам проложил широкую и прочную дорогу, по которой каждый может пройти без труда. По своей натуре, Доктор Сон скромен и не показывает своих достижений. Думаю, что эта книга «Божественное видение и вехи» придаст мужества и силы многим людям сквозь время и пространство, особенно тем, кто испытывает трудности и проблемы.

Ок-Чун Парк, Доктор философии, Старший научный сотрудник, МакРЕЛ Интернэшнл Бывший Главный исследователь в области образования, Институт образовательных наук, США, Доцент, Университет штата Нью-Йорк, г. Олбани, Преподаватель, Университет Джорджа Мейсона и Американский университет.

«Божественное видение и вехи» — это автобиография доктора Дэвида Сона, основателя университета IGlobal в штате Вирджиния, США. Свой путь Доктор Сон начал в 1968 году, приехав в США в качестве иностранного студента. Он изучал компьютерные технологии в Ратгерском университете. Позднее, он основал компанию International Computers & Telecom, Inc. (ICT). Со временем, компания ICT выросла до уровня международной компании в сфере информационных технологий и строительства аэропортов со множеством филиалов в Азии, Европе и Африке, а также в нескольких городах США. Он - успешный предприниматель.

Своим непосредственным участием в проектировании и строительстве международного аэропорта Инчхон, который был признан одним из лучших международных аэропортов в мире, он внес большой вклад в развитие своей родины - Кореи. История роста успеха доктора Сона как бизнесмена и педагога в США вдохновляет не только иммигрантов, испытывающих трудности в социальной адаптации в Америке, но и молодых людей, мечтающих выйти на международный уровень.

Основав в 2008 году Университет IGlobal, доктор Сон предоставил возможность студентам из развивающихся стран Азии и других частей света, получить современное образование в области информационных и коммуникационных технологий. Миссией д-ра Сона является предоставление высококачественного образования благодаря занятиям в кампусе и онлайн с выдачей всех необходимых сертификатов и аккредитаций от штата и федерального правительства США.

Мне довелось быть одним из членов Консультативного комитета университета IGlobal. Я воочию убедился в преданности президента Сона развитию и росту университета. Президент Сон выступал со специальными лекциями и речами перед студентами колледжей и средних школ, вдохновляя их на успех. И каждый раз президент Сон представлял свою автобиографию на английском языке «Божьи вехи», тем самым косвенно подтверждая, что все его замыслы и цели были достигнуты благодаря Божьему плану и руководству.

В жизни каждого человека происходят большие и малые события, похожие на этапы.

Каждый имеет шанс на успех. В своей книге «Божественное видение и вехи» доктор Сон говорит о том, что Бог заранее подготовил для него план и наделил его смелостью и уверенностью для успешного осуществления Божьего плана. Считаю, что автобиография доктора Сона «Божественное видение и вехи» обязательна к прочтению не только молодежью, мечтающей добиться мирового успеха, но и теми, кто, анализируя свое прошлое, строит планы на будущее. Книга придаст вам уверенности в понимании Божьего плана и Божьего руководства, которое приведет вас к успешному будущему. А те, кто изучает деловое администрирование или планирует собственный бизнес, поймут, насколько важно довериться Богу для достижения успеха в бизнесе.

Доктор Дэвид Пак, Президент Библейского университета Вирджинии.

Самое ценное для человека — это жизнь. В свою очередь, сила жизни зависит от стремления лидера.

Люди идут за своими лидерами до тех пор, пока те живы. Книга «Божественное видение и вехи» представляет собой теорию лидерства и автобиографию доктора Дэвида Сона, являющегося религиозным бизнесменом и педагогом. Книга заслуживает обязательного прочтения во всех бизнес-школах и христианских учебных заведениях, и должна стать настольной книгой для каждого. В своих рассуждениях доктор Сон говорит о том, что миссия Божьего плана заключается в «преобразовании мира через образование». Видение д-ра Сона это Божий план, специально подготовленный для него. Свое видение, он реализовал посредством 10 этапов, которые были определены ему Богом.

Люди устанавливают приоритет между тем, кого я знаю, и тем, кто знает меня, а не тем, насколько я знаю их.

Судьба человека определяется тем, кого он встречает на своем пути и кому доверяет. В мемуарах президента Сона мы встречаем настоящего лидера, и благодаря этой встрече мы открываем для себя веру, тепло, мир и любовь к Богу. Прочитав эту книгу, вы поймете, что лидер, умеющий любить людей, — это настоящий лидер, способный к самодисциплине.

Основатель и Старший пастор Вашингтонской монгольской церкви, Генеральный директор Международной организации профсоюзов (МОП).

Доктор Дэвид Сон был простым корейским молодым человеком, который приехал в США на учебу в 1968 году для того, чтобы в возрасте 30 лет воплотить в жизнь американскую мечту. Сначала он изучал компьютерную технологию в Ратгерском университете в Нью-Джерси, США, параллельно развивая свои навыки управления бизнесом. Несколько лет спустя, он основал компанию International Computers & Telecom, Inc. (ICT) и очень быстро добился признания компании как одной из динамично развивающихся международных компаний в области информационных технологий и строительства аэропортов с дюжиной филиалов в Азии, Европе и Африке. А в 1992 году, компания ICT получила основной контракт от корейского правительства на проектирование и строительство международного аэропорта Инчхон в Корее на период с 1992 по 2002 год.

В 2008 году, доктор Сон основал университет IGlobal (IGU), чтобы воплотить в жизнь свое видение глобального образования. Университет предоставлял программы бакалавриата и магистратуры в области делового администрирования многим студентам из более чем 50 различных стран, в том числе из Кореи, предоставляя все необходимые сертификаты и аккредитации от государственных и федеральных органов власти. Особенно хорошо он передавал свои истории успеха иностранным студентам, выступая перед ними в качестве приглашенного лектора и духовного наставника-христианина.

# Предисловие
## Божественное видение и вехи

Еще в 1968 году, будучи студентом в Соединенных Штатах, я грезил «американской мечтой». Защитив степень магистра в области информационных технологий и степень доктора в области делового администрирования, я как профессор делового администрирования стал преподавать информационные технологии и деловое администрирование многим студентам колледжа в кампусе и через Интернет. В 90-е годы компания, специализирующаяся на информационных технологиях, которую я основал, выполняла функции генерального подрядчика при строительстве международного аэропорта Инчхон, а в 2008 году я стал основателем университета IGlobal (АйГлобал).

Таким образом, я осуществил свою американскую мечту, «Ибо только Я знаю намерения, какие имею о вас, говорит Господь, намерения во благо, а не на зло, чтобы дать вам будущность и надежду» (Иеремия 29:11) и выполнил намеченные планы. «Сердце человека обдумывает свой путь, но Господь управляет шествием его» (Притчи Соломона 16:9). Думаю, что эта истина сбылась. И сейчас, свидетельствуя о полученной благодати, я хочу поделиться благословениями с моими читателями.

В 2016 году я опубликовал мемуары «Божественное видение и вехи (Глобальное видение за пределами американской мечты)». Позднее мне поступил запрос на перевод книги на корейский язык, и вот на этот раз я ее перевел. Но поскольку за последние пять лет значительная часть содержания книги изменилась, в английском переводе за основу взят стандарт, а в корейской версии было добавлено пояснение изменений и соответствующие фотографии.

Я верю, что «Бог создал человека по своему образу и подобию» (Исайя 47:3), однако для каждого из нас у Него есть особый план (Иеремия 29:11), и через рубежи, которые мы наметили, мы можем развивать этот план. Хочу поделиться с вами словами из Притчи Соломона (16:9), которые побуждают нас к свершениям, ведь в этом 2020 году я сам исполнил Божий план, замысел всей моей жизни.

Своим свидетельством мне хотелось бы донести до многих людей, а особенно до молодых студентов то, каким образом я познал Божий план, выстроил видение и реализовал это видение через реальное достижение поставленных целей.

В 1968 году, когда мне исполнилось 30 лет, я понял, что смысл слов из Иеремии 29:11 «.... для каждого из нас у Него есть особый план» заключается в том, чтобы «изменить мир и общество Кореи посредством новейшего, эффективного и доступного образования». Я определил этот «Божий план» как свое видение на всю жизнь, поставив «американскую мечту» в качестве одной из задач для достижения этого видения.

Кроме того, по воле Бога я смог внести прямой вклад в строительство международного аэропорта Инчхон на пути к осуществлению американской мечты в Соединенных Штатах (Притчи Соломона 16:9). Особую благодарность, в этой книге, я бы хотел выразить представителям армии Республики Корея, которые оказали мне прямую или косвенную помощь в получснии образования в Военной академии в течение 4-х лет, а также в заочной школе армии США в течение 1-го года с предоставлением государственной стипендии.

Я верю, что мы, люди, не случайно приходим к Богу, когда нам исполняется 30 лет, и что истина Иеремии 29:11 о том, что «…для каждого из нас у Него есть особый план» верна. Определенно, Он желает, чтобы мы постигли его Божий план, который «... обещает благословения, надежду и будущее», приняли этот план как свое видение на всю жизнь, после чего наметили для себя ориентиры для реализации этого видения, насколько это возможно, благодаря Божьему руководству.

Принципы Божьей цели и плана, а также этапов развития человека я наиболее успешно и эффективно применял в работе созданной мною компании в области информационных технологий и Университета IGlobal. Благодаря этому, моя IT-компания стала одной из крупнейших международных IT-компаний с офисами в Корее, Тайване, Гонконге, Германии и Танзании, и была признана «самой динамично развивающейся компанией» в восточной части США. Наряду с этим, на протяжении 10 лет с момента основания, университет IGlobal предлагает программы бакалавриата и магистратуры студентам из 50 стран мира. Я также обучаю студентов колледжей этому принципу управления в рамках курса «Изучение примеров на собственном опыте».

В 2020 году, я смог осознать Божий план и свое видение на всю жизнь, поняв слова из Притч Соломона 19:6 о том, что, когда наше видение и жизненные цели находятся в гармонии с Божьим планом, Бог ведёт нас к достижению каждой из этих целей. Думаю, что мне было суждено достичь этого за годы.

Однако Бог сказал: «Пока рано!» и поручил мне «... научить все народы ... соблюдать всё, что Я повелел вам», чтобы пока я жив, иноверцы смогли выстроить свои жизненные видения и основные ориентиры, как того требует Божий план в отношении каждого из них (От Матфея 28:19-20).

Поэтому, сначала планируется перевести автобиографию с корейского на английский, монгольский, казахский, русский, вьетнамский и непальский языки. После того, как моя автобиография будет переведена на иностранные языки, по мере моих странствий за границу, я хотел бы вдохновлять молодых студентов, чтобы они смогли осознать Божий план, создать свое видение, а затем реализовать его через основные ориентиры, делясь своим жизненным опытом.

Октябрь, 2022 Др. Дэвид Сон
Потомака, Мэриленд, США

# Содержание

**Этап 10: Благодаря Богу я достиг Божьего плана, который был создан для меня, познал свое жизненное видение, основал и успешно управляю университетом IGlobal**     99

# Глава 1
# Важность цели, планов и основных этапов (ЦПЭ)

## 1.1 Маршруты движения с использованием навигационной системы GPS

Наука и технологии достигли такого уровня, что мы, представители XXI века, не только видим и слышим события, происходящие в мире, но и можем спрогнозировать, насколько удобнее и эффективнее станет жизнь, даже если мы не являемся специалистами в области науки и техники. Но тем не менее, никто не в силах предугадать, насколько комфортнее и эффективнее станет жизнь тех, кто будет жить в следующем веке.

Каждый раз, когда я использую современные технологии, такие как компьютер, смартфон и навигационная система GPS (навигатор), я благодарю Бога, потому что все наши знания даны нам от мудрости и разумения Божьего (Ефесянам 1:8). Навигатор, используемый нами при вождении, будет модернизирован и усовершенствован за счет внедрения множества передовых функций. Например, мы сможем сообщать навигатору о цели, плане и основных этапах (ЦПЭ) нашей поездки посредством голоса, вместо набора слов.

Можно сказать, что Навигатор символизирует нашу повседневную жизнь. Имея степень доктора наук в области менеджмента по организационному лидерству и звание профессора менеджмента, я преподаю курс лидерства и менеджмента для студентов магистратуры по деловому администрированию. В качестве примера я всегда привожу Навигатор, чтобы подчеркнуть важность определения цели, плана и этапов заранее для всего, что мы делаем, независимо от того, просто это или сложно, важно или неважно, дорого или не дорого.

Нередко мы совершаем дальние поездки на автомобиле по разным причинам, например, по делам, в отпуск или с целью туризма. Каждый раз, прежде чем отправиться в дорогу на автомобиле, мы составляем подробный план поездки с учётом её цели. Определив цель поездки, мы составляем подробный план и основные этапы путешествия. Обычно, я использую автомобиль уже с установленным Навигатором, хотя по тому же принципу можно добираться до места назначения и на самолете, и пешком.

Определив цель нашего путешествия, мы составляем подробный план и намечаем основные этапы. В качестве примера рассмотрим нашу поездку в Нью-Йорк из Вашингтона, округ Колумбия. Цель нашего путешествия - туризм. Мы захотели поехать на машине, хотя могли бы полететь на самолете или поехать поезде. Но поскольку цель нашего путешествия - экскурсия по Нью-Йорку, мы не рассматриваем эту поездку как срочную.

Мы составляем подробный план поездки, в котором указываем время отправления и прибытия, маршруты, остановки для обеда, заправки или туалета. При планировании времени отправления нам необходимо будет предусмотреть часы-пик в районе Вашингтона, округ Колумбия, и Балтимора. Этапы нашего путешествия предусматривают, какими маршрутами мы будем пользоваться, исходя из нашего плана

поездки. Например, мы выедем по межштатной автомагистрали I-95 из Вашингтона, округ Колумбия, поедем дальше по автомагистрали I-695, чтобы избежать пробок, и дальше через Балтиморский туннель.

Если мы запланировали посещение Принстонского университета, расположенного в округе Мерсер, штат Нью-Джерси, то план поездки и этапы будут изменены соответствующим образом. К примеру, если цель нашей поездки изменится и дополнится встречей с сотрудником приемной комиссии Принстонского университета с экскурсией по кампусу, план поездки и этапы также должны будут измениться. Но если мы начнем свою поездку без цели, плана и основных этапов (ЦПЭ), подготовленных заранее, мы потеряем много времени и денег, и даже можем столкнуться со многими непредвиденными трудностями.

## 1.2 Важность применения целей, планов и этапов (ЦПЭ)

Когда у нас нет четко поставленных ЦПЭ, мы нередко сталкиваемся с неожиданными трудностями, находясь в поездке, на работе или выполняя какое-либо задание, независимо от того, простое оно или нет, важное или нет. И даже когда мы ежедневно ездим на работу, преодолевая большое расстояние, мы можем попасть в пробку из-за часа пик, строительства и/или аварии.

Ведь не секрет, что наша задача состоит в том, чтобы вовремя и безопасно прибыть на работу. То есть мы планируем свою ежедневную поездку на работу пораньше, чтобы избежать ожидаемых или непредвиденных задержек на дорогах. Этапность нашей ежедневной поездки на работу бывает обусловлена загруженностью дорог в час пик, строительством и/или авариями.

ЦПЭ нашей ежедневной поездки на работу просты, поскольку мы

ежедневно ездим по одним и тем же маршрутом. Но, несмотря на это, чтобы узнать о перегруженности на дорогах, мы зачастую прослушиваем информацию с телевизора или радио. А если мы хотим создать новую компанию или разработать крупномасштабный проект будучи менеджером проекта, то принцип «Цель, план и этапы» (ЦПЭ) будет иметь большое значение.

Несомненно, создавая новую компанию или проект, мы тратим больше времени на определение ЦПЭ, по сравнению с ежедневными поездками на работу. Рассматривая свою жизнь как масштабный проект, установить ЦПЭ гораздо сложнее, так как на это требуется больше времени. Мы часто называем создание ЦПЭ для нашей жизни «созданием жизненного видения».

Так, например, я хочу стать президентом нашей страны, космонавтом или всемирно известным профессором. Это и есть цель моей жизни, для достижения которой мне, возможно, придется составить очень подробный план и определить большое количество этапов.

## 1.3 ЦПЭ моей жизни

Когда мы рождаемся, мы не знаем свою цель и план жизни, хотя наши родители могут иметь свои цели и планы, давая нам жизнь.

Так или иначе, большинство из нас живут согласно родительскому плану, не имея собственных целей и планов на будущее, до того момента, как мы идем в начальную школу, а затем в среднюю и в старшую.

Когда мы поступаем в колледж, у нас всегда есть мечты и планы на будущее. Этот процесс мы обычно называем «процессом формирования видения на будущее, т.е. нашего желаемого». Реализация желаемого - это длительный и сложный процесс. Именно поэтому необходимо установить реальные и конкретные планы и этапы. Для того чтобы стать, к примеру, президентом страны, известным ученым или космонавтом, необходимо установить более подробные планы и этапы.

После успешного окончания средней школы в Инчхоне я получил уведомление о поступлении в университет Йонсей. В то время я хотел изучать медицину в университете Йонсей, смутно представляя, что после окончания университета стану известным врачом. Но, так как я был сыном бедного фермера из Данджина, Чонг Чхон Намдо, я не мог обучаться в университете Йонсей. Моя учеба закончилась на том моменте, когда нужно было оплатить вступительный взнос за обучение. И я понял, что не смогу осуществить свою мечту в этом направлении и поэтому я решил поступить в Корейскую военную академию, которая предоставила мне полную стипендию до окончания учебы в звании младшего лейтенанта со степенью бакалавра.

Уже в то время, понимая, что я никогда не смогу достигнуть своей первой мечты, меня терзало только одно «Для чего Бог создал меня? Каков его план относительно меня и какой путь я должен пройти?». Я долго не мог найти ответы на эти вопросы.

Обучаясь в Корейской военной академии (КВА), я посещал церкви, соборы и храмы, но не придерживался никакой религии. Закончив 6-й класс, я очень хотел иметь военное образование, но учеба в школе давалась мне так тяжело, что я несколько раз думал о том, чтобы бросить ее.

После окончания КВА и четырехлетней службы в армии я заболел туберкулезом и был госпитализирован в армейский госпиталь Милян в провинции Северная Кёнсан. На тот момент мне было 29 лет, и я страшно боялся, что после демобилизации у меня не будет работы. В это время я начал постигать истину Библии.

Впервые я узнал из Библии, что Бог является Творцом Вселенной. Бытие 1:1 гласит: «В начале сотворил Бог небо и землю». И тогда мне захотелось узнать о Божьей цели, плане и основных этапах Божьего проекта «Сотворение неба и земли».

В Бытие 1:27 сказано: «И сотворил Бог человека по образу Своему, по образу Божию сотворил его; мужчину и женщину сотворил их». Мы, люди, являемся

частью целой вселенной, и я хочу знать, каковы Божьи планы для людей «Ибо только Я знаю намерения, какие имею о вас, говорит Господь, намерения во благо, а не на зло, чтобы дать вам будущность и надежду» (Иеремия 29:11). А также каковы этапы достижения Божьих планов для людей.

Более того, я желал узнать, какова Божья цель создания меня среди множества людей, Божий план для меня и каковы этапы достижения Божьего плана для меня - Дэвида Сона.

Я верил, что согласно Притчам Соломона 16:9, Бог не оставит меня и в конце концов направит меня в нужное русло, даже если мое первое желание стать врачом оказалось неудачным.

# Глава 2
## Божья цель, план и этапы создания Вселенной

### 2.1 Божья цель, план и этапы создания Вселенной

В мире есть немало ученых и теологов, которые определяют Божий план для Вселенной, но мало кому известно о Божьей цели создания Вселенной, включая человечество. Причина в том, что в Библии неопределенно сказано «...кого Я сотворил для славы Моей...» (Исаия 43:7).

Замысел Бога о Вселенной был установлен с целью создания Вселенной. Люди - часть Вселенной. В своей книге «Божий план для всех» Дэвид Сулем говорит, что «у Бога есть план создать и подарить вечное царство для Своей большой семьи».

В Божью большую семью входят (1) Бог Отец, который будет жить со всеми как глава большой семьи, (2) Его Единородный Сын Иисус Христос, (3) Божьи дети, то есть все сотворенные и усыновленные человеческие существа (Ефесянам 1:5) и (4) в нее также входят ангелы, созданные как Его дети, говорит Дэвид Сулем.

Высший Божий план для вселенной заключается в том, чтобы каждый человек попал на вечные небеса, где больше не будет смерти, боли, печали или проклятий. Это место для большой Божьей семьи, где Отец Небесный является во всем сотворенном (1-е Коринфянам 15:24, 28; Колоссянам 1:15-20; Откровение 21:1-6).

### 2.2 Этапы выполнения Божьего плана для Вселенной

Как утверждает Дэвид Сулем, Бог установил семь вех (этапов) на пути создания и достижения вечного Царства для большой Божьей семьи. Бог поделил свой план на семь эпох. Основные этапы (вехи) исполнения Божьего плана перечислены ниже.

**Этап 1: Эпоха до Адама во имя Его собственной славы**
**Этап 2: Эпоха Адама**
**Этап 3: Эпоха Израиля под управлением Моисеева закона**
**Этап 4: Эпоха церкви под новым заветом благодати**
**Этап 5: Тысячелетие Царства Божьего**
**Этап 6: Эпоха суда на огненном озере**
**Этап 7: Вечный век небес в Царстве Божьем**

# Глава 3
## Божья цель, план и этапы для всего человечества

### 3.1 Божья цель для всего человечества

Бог создал все человечество во славу Свою, как сказано в Исаии 43:7 «Всех, которые называются именем Моим, ибо для славы Моей Я уготовал его, и создал его и сотворил его».

### 3.2 Божий план для всего человечества

Согласно Новой международной версии английской Библии, Бог создал нас, людей, с особым планом для нас, людей, составляющей всего сущего во Вселенной: «Ибо только Я знаю намерения, какие имею о вас, говорит Господь, намерения во благо, а не на зло, чтобы дать вам будущность и надежду» (Иеремия 29:11)

### 3.3 Божий план и наставления для человечества

Согласно Библии, «Сердце человека обдумывает свой путь, но Господь управляет шествием его» (Притчи Соломона 16:9). Я поступил в университет Йонсей без экзаменов, потому что хотел в будущем стать известным врачом по своему собственному плану, но мне пришлось отказаться от поступления, потому что я не мог заплатить за обучение. Это была цена за мое временное неверное решение, но Бог направил меня на благословенный путь поступления в Корейскую военную академию, что в будущем принесло мне только пользу, а не вред (Притчи Соломона 16:9).

Я шел по неправильному пути, который стал для меня финансово трудным, а Бог наставил меня на путь поступления в Корейскую военную академию вместо университета Йонсей. В конце концов, Бог знал, что моя первая мечта была неправильной, и привел меня к новой мечте, направив меня к Своему плану, который создал для меня, но также через многие испытания, заставил меня самостоятельно реализовать «Божий план» и исполнить его (Притчи Соломона 16:9).

Мы проживаем свою жизнь, не зная, какой план для нас уготовил Бог. Все дело в том, что мы сами не можем знать цель и план Божьего творения для нас.

Но когда в 1968 году мне было 30 лет, я впервые осознал, что Бог создал меня с «особой целью и планом для меня». Я поверил в это благодаря Библии, особенно Иеремии 29:11 и Притчам Соломона 16:9.

Я начал верить, что Бог не принимает решения о каждом моем шаге, а направляет меня к успешному достижению цели по заранее определенным этапам. В возрасте 30 лет в 1968 году я захотел узнать, каков Божий план для меня (Иеремия 29:11) детально, и я начал усердно изучать библейские молитвы о том, какие этапы Бог установил для того, чтобы я смог исполнить «Божий план, созданный для меня».

### 3.4 Свободная воля, данная нам по Божьей милости

Бог создал нас и направляет нас по жизни до тех пор, пока мы живы. Однако, каждого из нас Он наделил свободной волей, чтобы мы исполнили Его план, созданный для каждого из нас. Так, например, Бог не принуждает нас верить в Иисуса Христа ради получения «вечной жизни», но Он даровал вечную жизнь только *тем, кто добровольно верит в Иисуса Христа как в своего Спасителя (Иоанна 3:16).*

Бог может заставить нас стать людьми, которые будут веровать в Иисуса Христа, при рождении, однако Он дает нам свободную волю верить в Иисуса Христа или нет. Бог больше всего доволен, когда мы сами по доброй воле выбираем веру в Иисуса Христа, и когда мы выбираем веру в Иисуса, Он обещает дать нам дар спасения, а также принимает нас как Своих детей (Ефесянам 1:5).

Библия содержит много других примеров, когда Бог не принуждает нас, а призывает к нашей свободной воле. Например, в книге «Откровение» Иисус Христос сказал: «Се, стою у двери и стучу: если кто услышит голос Мой и отворит дверь, войду к нему и буду вечерять с ним, и он со Мною» (Откровение 3:20). Иисус может войти в нашу комнату, не получив разрешения войти. Однако Он уважает нашу собственную волю и характер, говоря, что откроет дверь, войдет и пообедает с нами *только тогда, когда мы этого захотим.*

Когда Бог создал нас, людей, по Своему образу и подобию (Бытие 1:27), Он не сотворил нас детьми Божьими от рождения, но «предопределил нас быть Его сынами через Иисуса Христа, по Своему благоволению».

В Ефесянам 1:5 нам дается право свободной воли, чтобы стать Его детьми. И поэтому многие люди, которые не верят в Иисуса Христа, не становятся детьми Божьими и не могут получить вечную жизнь.

***Резюмируя вышесказанное***, можно сказать, что несмотря на то, что Бог заранее определил для нас наилучшие планы и пути, Он «предпочитает», чтобы мы сами познали Его планы.

Бог также дает нам свободу воли выбирать другие пути. Он позволяет нам достичь Божьих планов и пройти все этапы только тогда, когда мы сами их обнаружим. Но даже если мы идем по неверному пути, Он обещает вывести нас на безопасный и успешный путь, чтобы мы смогли осуществить Его планы и пройти все предначертанные нам этапы (Притчи Соломона 16:9). Я осознал, что, даже если у Бога есть планы на каждого из нас, мы должны сами открыть для себя Его планы и рубежи и собственными усилиями привести их в соответствие с нашим видением и намеченными рубежами.

# Глава 4
## Божья цель, план и этапы моего пути

В Библии говорится, что Бог создал человечество для Своей собственной славы (Исаия 43:7).

Однако,

(1) когда я планировал поступить в университет Йонсей, получив допуск без экзаменов, чтобы стать врачом, мне пришлось отказаться от поступления, потому что я и мои родители не могли позволить себе оплатить обучение,

(2) когда я заболел туберкулезом легких из-за переутомления во время работы офицером в армии,

(3) когда мне пришлось прекратить свою военную карьеру после увольнения из армии Кореи в 1967 году, поскольку в 1967 году я был помещен в госпиталь армии Кореи для лечения туберкулеза,

(4) когда я жил очень бедно, не имея никакой работы после демобилизации из армии Кореи, и

(5) когда я не мог отказаться от взяток, работая профессиональным журналистом я жаловался Богу на его план относительно меня (Иеремия 29:11). Меня мучил вопрос, почему у Бога был такой жалкий план для

меня в том числе и страдание от туберкулеза легких. Я также задавался вопросом, почему Бог не направил меня на правильный путь с самого начала, согласно Притчам Соломона 16:9, даже когда мои планы не были правильными.

Впрочем, в возрасте 30 лет Бог в конце концов заставил меня реализовать «Божий план для меня» самостоятельно, непрямыми путями, такими как перенесенный туберкулез легких, чтобы прервать мою военную карьеру, чтобы я сделал ее своим видением на всю жизнь.

В конце концов, Бог помог мне найти и преобразовать Божий план и этапы и привязать их к моему собственному видению и этапам жизни.

После демобилизации из армии, в 1968 году я впервые стал профессиональным журналистом. В это время не только правительство, но и корейское общество в целом были полны социальной несправедливости, коррупции и безнравственности, а также взяточничества. Мне, как журналисту, предлагали множество взяток от государственных органов, общественных и частных компаний, но я не мог их принять. В результате я решил, что не могу продолжать свою карьеру журналиста, потому что не мог больше терпеть коррупцию и несправедливость, глубоко укоренившиеся в обществе.

В то время казалось, что лучшим решением для оздоровления общества от этой «болезни» является принятие сильных законов и наказание тех, кто их нарушает. Поэтому я решил баллотироваться в депутаты Национального собрания, представляя Данджин, Чхунчхоннам-до, где меня хорошо знали, потому что я родился и окончил начальную, среднюю и старшую школы с отличием. Кроме того, во многих районах Данджина жили мои родственники. Мои друзья, выпускники начальной, средней и старшей школ, а также родственники начали собирать средства на выборы и агитировать за мое избрание.

На протяжении нескольких месяцев у меня были напряженные дни, связанные с планированием и проведением предвыборной кампании. Однако мне вспоминалась моя поездка и пребывание в Соединенных Штатах Америки с полной стипендией, предоставленной Школой связи СВ США. Я отчетливо помнил, что большинство американцев были добрыми, дружелюбными, щедрыми и законопослушными.

Посещая многие известные учебные заведения, такие как Гарвардский университет, Массачусетский технологический институт, Йельский университет, Принстонский университет и другие государственные университеты, я пришел к выводу, что в Америке самая лучшая система образования, которая способствовала тому, что Америка стала не только самой богатой и сильной страной, но и самой щедрой, этичной и законопослушной в мире. Вспоминая все это, я пришел к выводу, что постоянным решением для изменения коррумпированного общества в Корее на справедливое, моральное и законопослушное общество является *принятие новой национальной системы образования, а не принятие временных законов.*

Как-то мне вспомнилось личное интервью с первым членом Национальной ассамблеи о взяточничестве в государственных учреждениях. Он сказал, что, будучи новоизбранным членом Ассамблеи, он не имеет полномочий принимать такие законы, чтобы положить конец этим взяткам, даже если он лично ненавидит их. Я понял, что на его месте, будь я новоизбранным членом Ассамблеи, я бы тоже не смог пресечь взяточничество, несправедливость и аморализм, глубоко укоренившиеся в корейском обществе.

С этими мыслями я отказался от участия в выборах в Национальную Ассамблею и решил поехать в Америку, чтобы учиться и узнать, как американская система образования способствовала тому, что Америка стала справедливой и законопослушной страной.

Я бы с удовольствием внес свой вклад в изменение корейской системы образования в попытке изменить корейское общество. Эта цепочка мыслей и мои усердные и искренние молитвы помогли мне осознать, что Божий план для меня - Дэвида Сона заключался в том, чтобы посвятить себя преобразованию корейского общества путем реформирования и принятия новой системы образования (Иеремия 29:11). И вот тогда, в возрасте 30 лет я определил для себя «Божий план» в качестве своего «жизненного видения» следующим образом:

*«Моя жизненная задача - преобразовать не только корейское общество, но и весь мир, предоставляя самое инновационное, эффективное и доступное образование всем людям в мире, особенно тем, кто находится в неблагоприятном финансовом, физическом и/или социальном положении, используя формы обучения в кампусе и онлайн».*

**Я также верил, что у Бог не только определил план для меня, а именно мое видение жизни, но и определил для меня подробные этапы для успешного выполнения Его плана, а именно моего видения жизни, согласно Притчам Соломона 16:9.**

# Глава 5
## Десять этапов, определенных для меня в успешном достижении «Божьего плана»

Помню, как 1 мая 1968 года, оглядываясь на свои прожитые 30 лет, я вспоминал все большие и малые события, произошедшие со мной.

(1) Я верил, что, когда Бог создал меня, Он наделил меня интеллектуальными способностями, чтобы я мог закончить начальную школу, среднюю школу и старшую школу с превосходными результатами. Я любил «учиться» при любой возможности.

(2) В детстве я мечтал стать известным врачом. Я поступил без экзаменов в университет Йонсей, который был одним из лучших университетов в Корее, потому что мои оценки в средней школе были очень хорошими. К сожалению, мне пришлось отказаться от поступления в университет Йонсей по финансовым причинам.

(3) Бог направил меня в Корейскую военную академию (КВА) вместо университета Йонсей в 1959 году. На вступительных экзаменах в КВА я получил высший балл по английскому языку, что позволило мне быть принятым в КВА несмотря на то, что я не смог сдать экзамен по физической культуре во время вступительных экзаменов.

(4) Будучи офицером связи в армии Кореи, я прошел конкурсный экзамен на получение полной стипендии от Школы связи сухопутных войск США на обучение и поездку в Америку в течение одного года. Я получил наивысший балл по английскому языку, поэтому я получил самую высокую стипендию, а именно на обучение и пребывание в Америке в течение одного года с 1965 года.

(5) Во время своего годичного пребывания в США в 1965 году я узнал о таком понятии, как «американская мечта». Когда я видел тех американцев, которые успешно реализовали свою «американскую мечту», у меня возникло непреодолимое желание самому мечтать и достичь своей «американской мечты».

(6) Спустя некоторое время после обнаружения симптомов туберкулеза легких Бог распорядился так, чтобы я встретил фармацевта Мок Джа Ким, которая в последствии стала моей супругой, а также распорядился относительно моей демобилизации из армии Кореи.

(7) Фармацевт Мок Джа Ким вселила в меня уверенность, что я смогу вылечиться от туберкулеза легких, если буду правильно принимать

лекарства, хорошо питаться и заниматься спортом.

(8) Спустя какое-то время, я излечился от этой болезни, но когда я понял, что по воле Божьей я не смогу построить карьеру в армии, Бог распорядился так, что я был

(9) После того, как меня демобилизовали из армии, в возрасте 30 лет я начал свою гражданскую жизнь без какой-либо работы. Богу было угодно, чтобы я стал профессиональным журналистом, сдав очень сложный вступительный экзамен, где конкурировали более 200 претендентов.

(10) Бог распорядился так, чтобы я стал свидетелем коррумпированного общества в Корее будучи журналистом в 1960-х годах. Мне открыто предлагали денежные взятки не только правительственные учреждения Кореи, но и многие гражданские организации, чтобы я не разглашал информации об их неправомерных, беззаконных и аморальных действиях.

(11) Однажды, в одном из государственных учреждений мне вручили конверт с большим количеством наличных денег, вдвое превышающим мою месячную зарплату. Я не смог распорядиться этими деньгами самостоятельно. Когда я отдал конверт с деньгами своему руководителю, он отказался от него, сказав, что «это премия, выданная мне государственным учреждением».

Поразмыслив над всеми большими и малыми событиями, произошедшими со мной за последние 30 лет до 1968 года, как успехами, так и неудачами, я наконец понял, что на протяжении всей жизни Бог говорил мне о Своем плане для меня, а именно о моем жизненном видении. Однажды, после долгой и искренней молитвы, я пришел к выводу. что мое жизненное видение заключается в том, чтобы посвятить себя образованию и преобразовать не только корейское общество, но и весь мир.

При этом я верил, что у Бога для меня есть не только план, а именно мое видение жизни, но и то, что Он ведет меня к успешному достижению моего видения жизни с помощью определенных этапов, как сказано в Притчах Соломона 16:9. Это аналогично принципу установления конкретных этапов с помощью GPS-навигатора при составлении конкретного плана поездки, как объяснялось в Главе 1.

Благодаря упорным молитвам я поверил, что оказывается, еще с самого моего рождения, Бог определил для меня **10 этапов для успешного выполнения «Божьего плана», а именно моего жизненного видения (Притчи Соломона 16:9), которые я перечисляю ниже.**

**Этап 1:** Бог создал меня по Своему образу и подобию для Своей славы (Бытие 1:27)

**Этап 2:** Бог наделил меня разумом и интеллектуальными способностями для отличной учебы и вел меня к успеху в учебе (Притчи Соломона 2:6, Притчи Соломона 16:9)

**Этап 3:** Бог привел меня к выбору Корейской военной академии вместо университета Йонсей (Притчи Соломона 16:9)

**Этап 4:** Бог направил меня учиться в Школу связи сухопутных войск США в течение одного года с предоставлением полной стипендии (Притчи Соломона 16:9)

**Этап 5:** Бог показал мне американцев, которые успешно реализовали свою Американскую мечту (Притчи Соломона 16:9)

**Этап 6:** По воле Бога я встретил и женился на фармацевте Мок Джа Ким, чтобы через Иисуса Христа мы стали детьми Божьими (Ефесянам 1:5)

**Этап 7:** Бог привел меня к американской мечте через свидетельство коррумпированного корейского общества

**Этап 8:** По воле Бога я получил лучшее образование, знания и навыки лидерства и управления, необходимые мне для успешного достижения «американской мечты».

**Этап 9:** Благодаря Богу я смог осуществить американскую мечту в Америке и реализовать задуманное.

**Этап 10:** Благодаря Богу я достиг Божьего плана, который был создан для меня, познал свое жизненное видение, основал и успешно управляю университетом IGlobal.

***Примечание:*** *Этапы с 8 по 10 были достигнуты в Америке.*

## 5.1 Этап 1: Бог создал меня по Своему образу и подобию для Своей славы (Бытие 1:27)

Я родился в Данджине, провинция Чхунчхон-Нам, небольшой сельской деревне в Корее в 1939 году. Фотография ниже — это первая в моей жизни фотография. На ней моя мама и я, когда мне было девять лет. Говоря современным языком, моя мама была и «мамой-тигром», и «супермамой».

Всему, чего я достиг до сегодняшнего дня, я обязан строгой дисциплине и самопожертвованию моей матери. Всю свою жизнь мама посвятила моему образованию с самого раннего детства.

***Подводя итог вышесказанному,*** Бог создал меня по Своему образу и подобию для Своей собственной славы (Бытие 1:27).

## 5.2 Этап 2: Бог наделил меня разумом и интеллектуальными способностями для отличной учебы и вел меня к успеху в учебе (Притчи Соломона 2:6)

Как правило, корейцы начинают изучать корейский разговорный язык еще до детского сада. Однако в 1940-х годах корейцы начали изучать китайские иероглифы, язык символов, с начальной школы. Поскольку китайские иероглифы трудны для изучения, тех, кто знает больше китайских иероглифов, в Корее часто считают интеллектуалами и образованными людьми. Эта тенденция стала частью корейской культуры.

Когда мне было шесть лет, мама заставила меня выучить наизусть «тысячу китайских иероглифов». Именно поэтому в современном понимании мою маму можно назвать «мамой-тигрицей». Она наняла для меня репетитора по китайскому языку, и если я не мог запомнить заданное репетитором количество китайских иероглифов каждый день, мама меня строго наказывала. Бывало даже, что она запирала меня в комнате на несколько часов, пока я не выучивал заданные репетитором китайские иероглифы.

Помню, что я много плакал и обижался на маму, но после поступления в начальную школу я был благодарен ей, потому что я был единственным человеком в классе, который знал много китайских иероглифов. А когда у меня появилась возможность обучать китайским иероглифам не только своих сверстников, но и учителя, я почувствовал гордость и удовлетворение собой, и я был благодарен маме за то, что она сделала для меня. Когда я учился в начальной школе, одноклассники дали мне прозвище «Доктор китайских иероглифов».

Когда я учился в 4-м классе, благодаря своему двоюродному брату, который в то время учился в средней школе, я выучил английский алфавит. С тех пор я стал писать свое имя по-английски как «Sohn Young Whan». Однажды я написал свое имя по-английски в экзаменационной работе вместо того, чтобы написать его по-корейски. За это учитель наказал меня, сказав, что я «высокомерный и наглый».

Моя мама продолжала играть роль «мамы-тигрицы», даже когда я начал ходить в среднюю школу. Она очень хотела, чтобы я был самым лучшим учеником в классе средней школы. Я учился в средней школе Данджин, самой большой средней школе в Данджин-гуне, Чхунчхон-Намдо, и в первый год обучения в средней школе Данджин я не платил за обучение ни копейки, потому что получил звание «Ученик года» с самыми высокими академическими показателями. Я очень гордился своими достижениями и начал благодарить свою маму за то, что она «мама-тигр».

Позднее, я стал учиться в средней школе в Инчхоне, Кёнги-до. После окончания школы я был принят в Университет Йонсей без вступительных экзаменов благодаря тому, что при поступлении учитывались только мои школьные оценки. Я очень хотел стать врачом, но мне пришлось отказаться от поступления в университет Йонсей, потому что я не мог оплатить обучение.

***Подводя итог вышесказанному***, Бог наделил меня разумом и интеллектуальными способностями для отличной учебы, а моя мама помогла мне добиться успехов в учебе во всех школах, в которых я учился.

## 5.3 Этап 3: Бог привел меня к выбору Корейской военной академии вместо университета Йонсей (Притчи Соломона 16:9)

Я хотел стать врачом. Когда я окончил среднюю школу в Инчхоне, я подал заявление на поступление в университет Йонсей. Университет Йонсей принял меня в качестве нового студента без вступительных экзаменов, потому что мои школьные результаты были отличными.

Но от поступления в университет Йонсей мне пришлось отказаться, потому что мы с родителями не имели финансовой возможности оплатить обучение. В тот момент я жаловался Богу, почему Он не помог мне осуществить мою мечту, ведь я так хотел стать врачом. Я очень сильно переживал, что не смогу построить карьеру, но я должен был любыми путями выбрать учебное заведение для получения степени бакалавра. Бог помог мне поступить в Корейскую военную академию (КВА), которая не только предоставляла курсантам полную стипендию на академические программы и общежитие в течение 4 лет, но и давала выпускникам степень бакалавра и звание младшего лейтенанта.

При сдаче вступительного экзамена в КВА я получил наивысший балл по предмету «Английский язык» среди всех абитуриентов, хотя и не прошел необходимые тесты по физической подготовке. Председатель кафедры английского языка убедил приемную комиссию КВА принять меня в число 250 кадетов класса 1959 года. Именно тогда, я и узнал, что жизнь кадетов в КВА была очень жесткой и суровой. Многие поступившие кадеты не смогли выдержать так называемую «звериную подготовку», которую давали им в течение первых 6 месяцев. Это заставило меня усомниться в своем решении.

В это время офицер по приему КВА рассказал мне, что многие выдающиеся мировые лидеры учились в военной академии в своей стране. Например, Дуайт Эйзенхауэр, бывший президент США, окончил Вест-Пойнт; Уинстон Черчилль, бывший премьер-министр Великобритании, окончил Королевский военный колледж Сандхерст; Шарль де Голль, бывший президент Франции, окончил Французскую военную академию Сен-Сир. Пока я колебался в своем решении поступить в КВА или нет, председатель кафедры английского языка объяснил, что выпускники КВА имеют возможность работать военными атташе в посольствах Кореи за рубежом.

Так, в 1959 году я решил поступить в КВА в качестве одного из новых курсантов. Я смог выдержать зверскую подготовку в течение первых 6 месяцев, хотя я много плакал и много раз думал о том, чтобы уйти из КВА, поскольку мне не только было сложно, но я также не мог привыкнуть к питанию и не мог нормально спать по ночам. Я смог остаться в КВА, только благодаря тому, что на тот момент старший кадет Пил

Сап Ли (генерал армии), который был старшим выпускником средней школы Данджин, поддерживал меня, советуя остаться, несмотря на трудности кадетской жизни.

Еще одна надежда, которая помогла мне успешно окончить КВА, заключалась в том, что если меня назначат офицером связи, я смогу получить полную стипендию от Школы связи СВ США и учиться в США в течение одного года. В итоге я получил степень бакалавра и в 1963 году после успешного завершения четырехлетней учебы и подготовки был введен в строй в звании младшего лейтенанта корейской армии.

***Подводя итог вышесказанному***, Бог привел меня к выбору Корейской военной академии вместо университета Йонсей и помог успешно окончить КВА без каких-либо финансовых трудностей по «Божьему плану и наставлению для меня». Я окончательно понял, что все, что происходило со мной с самого детства до поступления в КВА вместо университета Йонсей и успешного окончания КВА, было Божьим планом и наставлением для меня (Притчи Соломона 16:9).

### 5.4 Этап 4: Бог направил меня учиться в Школу связи сухопутных войск США в течение одного года с предоставлением полной стипендии

По причине материального положения у меня не было выбора, кроме как отказаться от поступления в университет Йонсей и поступить в КВА. Да, это было мое собственное решение, однако я был бесконечно благодарен Богу за то, что он таким образом, но привел меня к достижению «Божьего плана», который стал моим «Жизненным видением». Я стойко переносил все трудности, веря, что поступление в КВА - это «важный этап», часть «процесса преобразования мира с помощью самого инновационного, эффективного и доступного для всех людей в мире».

После получения звания младшего лейтенанта армии Кореи в 1963 году я был направлен в качестве командира взвода связи для противостояния северокорейским войскам в демилитаризованной зоне. Приблизительно через год я был назначен адъютантом генерала армии, штаб G3, в командование Первой армии, дислоцированное в Вонджу, Корея. Несмотря на то, что в обязанности адъютанта входило множество функций, я нес особую ответственность за перевод всех оперативных вопросов между командующим 1-й армией и американской консультативной группой.

По итогам большой конкуренции армия Республики Корея планировала предоставить наиболее квалифицированному офицеру связи полную стипендию для обучения в Школе связи СВ армии США на срок до одного полного года. Я успешно сдал тест на знание английского языка и технический тест, организованный Корейской армией.

Поэтому я уволился с должности адъютанта генерала и поступил в Английскую школу вооруженных сил, расположенную в Ёнчхоне, Кёнбук, для того, чтобы подготовиться к экзамену на знание английского языка, аналогичному TOEFL, организованному Консультативной группой армии США. Это было начало пути к осуществлению мечты. В течение года я упорно изучал английский язык. И как результат, я занял первое место в классе английского языка в Английской школе вооруженных сил и получил награду начальника штаба армии Кореи по окончании учебы.

Спустя неделю после окончания Английской школы вооруженных сил я сдал тест на знание английского языка, такой как TOEFL, проводимый Консультативной группой армии США в Корее, и, к счастью, мой результат был самым высоким среди всех претендентов, что позволило мне отправиться в Америку на полный учебный год с 1965 года.

Благодаря этой возможности я больше узнал об американской истории, культуре и американской мечте.

***Подводя итог вышесказанному***, Бог побудил меня достичь четвертого этапа в соответствии с «Божьим планом». По воле Бога я выбрал КВА, а не университет Йонсей, что заставило меня отказаться от моей давнишней мечты стать врачом. Как результат, я получил не только бесплатную степень бакалавра, но и полную стипендию для обучения в армии США в течение целого года в Америке (Притчи Соломона 16:9).

## 5.5 Этап 5: Бог показал мне американцев, которые успешно реализовали свою Американскую мечту (Притчи Соломона 16:9)

В мае 1965 года я поступил в Школу связи сухопутных войск армии США в Форт-Монмуте, Итонтаун, штат Нью-Джерси. В течение года я жил в кампусе для несемейных офицеров вместе с примерно 300 иностранными офицерами, отобранными из союзников США. Мы обучались военным коммуникациям и компьютерным технологиям. В то время изучать компьютерные технологии было очень интересно, потому что очень быстро начали развиваться технологии компьютерного оборудования и программного обеспечения.

Каждую неделю мы выезжали на экскурсии в известнейшие места. Экскурсии оплачивались Школой связи СВ армии США. За один год, начиная с 1965 года, я посетил множество городов и известных мест, таких как Смитсоновский институт, Музей естественной истории, Эмпайр-стейт-билдинг, пивоварня Анхойзер-Буш, Космический центр Кеннеди, Французские кварталы в Новом Орлеане и т.д., а также множество учебных заведений, включая Гарвардский университет, Массачусетский технологический институт, Йельский университет, Принстонский университет, Военную академию США, Военно-морскую академию США, а также университеты штатов.

Эти поездки внесли большой вклад в мое понимание всего, что связано с Америкой, а именно с американской историей, образованием, культурой и традициями. Самым ценным уроком, который я получил во время пребывания в Америке, было то, что я смог узнать об американской мечте.

Мне пришелся по душе термин «американская мечта», и я стал изучать и узнавать в мельчайших подробностях точное значение и определение американской мечты - например, что она означает, кто придумал эту терминологию, и почему столько людей по всему миру были вдохновлены американской мечтой, которая ведет к осуществлению их жизненных видений.

Это побудило меня мечтать об американской мечте и достичь ее позже в Корее. Впервые термин «американская мечта» был предложен в книге-бестселлере 1931 года под названием «Эпос Америки». В своей книге **Джеймс Труслоу Адамс** описал ее как *«мечту о стране, в которой жизнь должна быть лучше, богаче и насыщеннее для каждого, с возможностями для каждого с учетом способностей или достижений»*.

Другое, более реалистичное определение можно найти в **книге Джудит Бардвик** *«Опасность в зоне комфорта»*, в которой говорится: *«**Если вы будете усердно работать, вы станете более успешными, чем были ваши родители**»*

Данное выражение следует читать не просто как простое предложение, его можно отнести к четко сформулированному контракту. Благодаря этому определению люди из многих стран пытались иммигрировать в Соединенные Штаты, которые часто называют страной возможностей.

Как я уже говорил, я не смог учиться в университете Йонсей из-за финансовых трудностей, но Бог побудил меня вместо этого поступить в Корейскую военную академию. В момент, когда я ознакомился с понятием «американская мечта», меня охватил дух вызова... Я тоже начал мечтать об американской мечте, надеясь, что если я буду усердно трудиться, то смогу добиться успеха.

Я неустанно верил, что именно «Американская мечта» является тем самым двигателем, который сделал Америку богатой, сильной и щедрой страной, ведь Америка - самое сильное, богатое и щедрое государство в мире. Например, несмотря на то, что Южная Корея была сильным союзником Соединенных Штатов, армия США оплатила все мои личные расходы, включая проезд, обучение и проживание в «роскошном кампусе для несемейных офицеров» в течение целого года. Около 300 иностранных офицеров, проживавших вместе со мной в кампусе, получили аналогичные стипендии.

Во время путешествий по Америке я также видел, как многие иммигранты, приехавшие в Америку из Южной Америки, Азии, Африки и Европы, владеют автомобилями и домами, ходят в школы, много работают и наслаждаются жизнью, которая соответствует их уровню жизни.

Во время своего годичного пребывания в Америке я старался изучать военные коммуникации и компьютерные дисциплины при каждом удобном случае. Несмотря на то, что в то время информатика была очень примитивной и рудиментарной, изучение компьютерного оборудования и программного обеспечения в Школе связи СВ армии США побудило меня получить степень магистра компьютерной инженерии в Ратгерском университете штата Нью-Джерси в 1972 году.

Иначе говоря, Бог намеренно направил меня учиться в Корейскую военную академию вместо университета Йонсей и получить полную стипендию для обучения в Школе связи СВ армии США. Также, задаваясь постоянным вопросом о том, мечтают ли об американской мечте только люди, живущие в США, мы получили однозначный ответ.

Во-первых, это встреча с учеными, которые впервые дали определение американской мечты, во-вторых, с американцами, которые успешно достигли американской мечты, и в-третьих, с людьми, которые приехали в Соединенные Штаты для достижения американской мечты *после того, как они мечтали об американской мечте за пределами Соединенных Штатов.*

И я окончательно пришел к выводу, что независимо от того, живете ли вы в Соединенных Штатах или нет, вы можете мечтать об американской мечте, но достичь американской мечты можно только в Соединенных Штатах.

***Подводя итог вышесказанному***, на пятом этапе по воле Бога я узнал точное определение Американской мечты, живя в Америке в течение одного года, начиная с 1965 года, когда мне довелось увидеть тех американцев, которые добились успеха в достижении своей Американской мечты. В конечном итоге Бог побудил меня ***мечтать о своей собственной Американской мечте позднее в Корее*** (Притчи Соломона 16:9).

### 5.6 Этап 6: По воле Бога я встретил и женился на фармацевте Мок Джа Ким, чтобы через Иисуса Христа мы стали детьми Божьими (Ефесянам 1:5)

Как я говорил выше, в 1965 году я получил полную стипендию для годичного обучения в Школе связи СВ армии США. Благодаря этому у меня была возможность не только изучать военную связь и компьютерные науки, но и путешествовать по многим городам и историческим местам Америки.

В мае 1966 года, вернувшись в Корею, по распределению я был направлен в Школу связи СВ Корейской армии в Тэджоне, Корея. Основной моей задачей как инструктора было научить офицеров и солдат корейской армии всему, чему я научился в Школе связи СВ армии США, главным образом потому, что в то время в корейской армии использовались те же системы связи и оборудование, что и в армии США.

Обустройство в городе Тэджон далось мне нелегко не только потому, что я не мог найти хорошее жилье и удобно добираться до школы, но и потому, что я был занят преподаванием в школе, проводя в ней более 8 часов в день. В то время как я искал подходящий по цене и удобству пансион, ко мне обратился начальник полицейского управления провинции Чхун Нам, который искал частного репетитора для своего сына, ученика средней школы, с очень привлекательным предложением в качестве репетитора на неполный рабочий день.

Начальник полиции был бывшим высокопоставленным офицером. Он узнал о моей биографии и предложил мне стать частным репетитором на полставки для его сына, который был проблемным и не любил ходить в школу. Он открыто признался, что все репетиторы, которых он нанимал для своего сына в прошлом, не могли продержаться больше двух недель.

Именно поэтому он обратился к военным офицерам, которые могли бы стать более жестким и строгим наставником для его сына. Он предложил мне очень хорошую сделку, от которой я не смог отказаться. Мне предложили бесплатно поселиться в его доме и стать строгим репетитором для его сына, работая только по вечерам и выходным. При этом он предложил мне не только очень привлекательную месячную зарплату, но и один выходной раз в месяц, чтобы я мог навещать свой дом в Сеуле.

Предложение было слишком заманчивым, и я не мог отказаться. Так я стал жить в очень хорошем доме. Моя комната была рядом с комнатой мальчика. Обычно по вечерам мы встречались в учебном классе для занятий. Мальчик был выше меня ростом и часто отказывался меня слушать.

По этой причине мне пришлось разработать специальную стратегию для работы с ним. Сначала я стал показывать ему множество фотографий, сделанных во время моего годичного пребывания в Америке, и рассказывать связанные с ними истории. Беседы на английском языке я начинал с очень простых английских слов, таких как «Hello», «Good Evening», «How are you?» и «OK».

К моему удивлению, мальчик стал проявлять большой интерес и увлеченность английским языком. Он ненавидел почти все предметы, кроме английского. Уже через несколько недель он показал оценки «А» по английскому языку своим родителям и мне. Отец мальчика был очень рад и очень хвалил мою стратегию репетиторства.

Первые несколько месяцев после назначения в школу связи Корейской армии в Тэджоне были для меня очень напряженными: днем я вел уроки для офицеров и солдат в школе, а по вечерам и выходным занимался с мальчиком дома.

Согласно графику, как минимум раз в год каждый офицер должен был проходить медицинское обследование. Как-то раз я должен был пройти обычный медицинский осмотр, который включал рентгеновское исследование грудной клетки. Каково же было мое удивление, когда врач потребовал от меня сделать рентген грудной клетки три раза в течение недели.

В момент, когда я начал немного нервничать, врач сообщил мне о наличии очень маленького участка внутри моих легких, указывающего на легочный туберкулез (ТБ). Я был в шоке от того, что у меня обнаружили туберкулез, так как считал себя здоровым. Несмотря на это, мне пришлось принять заключение врача с большим сомнением, учитывая тот факт, что он просил меня сделать рентгеновский снимок грудной клетки три раза. Во всяком случае, предупреждения врача сильно пугали меня. Врач объяснил, что как правило, туберкулез поражает легкие, но он также может поражать и другие области тела, такие как мозг, почки или позвоночник.

Наконец, врач поставил передо мной ультиматум. Он посоветовал мне выбрать: либо госпитализация для специального лечения туберкулеза, либо продолжение военной службы в Корейской военной школе связи с приемом противотуберкулезных препаратов. У меня не было другого выбора, кроме как выбрать последнее, потому что запись о госпитализации могла разрушить мою военную карьеру, особенно как выпускника Корейской военной академии.

Первым делом я немедленно прекратил работу репетитором и начал добросовестно принимать лекарства. К счастью, мне разрешили оставаться в том же доме, пока я не найду себе новый пансионат. Как-то раз, у меня закончилось лекарство от туберкулеза, которое мне дал врач. Мне сказали купить его в аптеке, которая находилась в центре города Тэджон. К счастью, я нашел аптеку под названием «Аптека Ханил» прямо напротив моего пансионата. Я показал рецепт от туберкулеза фармацевту, которая всегда была приветлива со мной.

Фармацевт представилась мне как Мок Джа Ким. С очень непринужденным видом она сказала: «Лейтенант Сон, не беспокойтесь. Сейчас многие корейцы больны туберкулезом, но они даже и не подозревают об этом, потому что не делают рентгеновский снимок грудной клетки, как это сделали вы, лейтенант Сон». Затем она утешила меня, сказав: «Так что, лейтенант Сон, не волнуйтесь. К счастью, вы обнаружили болезнь на самой ранней стадии. Если вы будете добросовестно принимать лекарство, вы точно вылечитесь... В наши дни лекарства от туберкулеза эффективны на 100%. Уверяю вас в скорейшем выздоровлении».

Советы фармацевта Ким убедили меня продолжать службу в армии, исправно принимая лекарства. Этот совет абсолютно отличался от совета врача армейской школы, который настаивал на госпитализации. Ким советовала мне продолжать службу в армии, регулярно принимая лекарства.

Фармацевт Ким, в отличие от остальных, вселила в меня «уверенность в жизни», добавив, что «лекарство от туберкулеза на 100% эффективно». Я был благодарен ей за ее доброту и веру в мое здоровье. Я стал часто заходить в аптеку «Ханиль» под предлогом покупки бинтов и прохладительных напитков, а также лекарства от туберкулеза.

Мои симптомы не ухудшились, но и не торопились улучшаться. И врач, и фармацевт Ким утверждали, что я не смогу вылечить свои симптомы в кратчайшие сроки. Что еще хуже, девушка, с которой я встречался и на которой планировал жениться, отдалилась от меня после того, как я рассказал ей, что болею туберкулезом.

Спустя полгода врач, проводивший очередной осмотр, дал мне тот же совет, что и раньше. В это время я начал понимать, что мое здоровье важнее, чем продолжение военной службы в качестве профессионального солдата.

Я твердо решил, что мне следует в первую очередь подумать о своем здоровье, прежде чем беспокоиться о том, стоит ли продолжать военную службу. После нескольких недель раздумий я, наконец, решил лечь в армейский госпиталь в Милянге, Северный Кёнсан-до, который специализируется на туберкулезе.

Находясь в армейском госпитале около 6 месяцев, регулярно принимая лекарства, регулярно занимаясь спортом, питаясь здоровой пищей, читая книги и переписываясь с фармацевтом Ким, она начала называть меня в своих письмах не лейтенантом Соном, а своим братом. Фармацевт Ким была старшей дочерью пяти младших сестер и братьев. Поскольку у меня не было ни одной сестры, я называл ее «приемной сестрой».

С этого момента мы с фармацевтом Ким стали больше, чем просто друзьями, и чувствовали себя близкими, как брат и сестра. Спустя шесть месяцев я прошел осмотр в больнице «Милян», и мне сказали, что мягкие пятна полностью зажили, посоветовали продолжать регулярно принимать лекарства и выписали из больницы. После этого я вернулся в Армейскую школу связи в Тэджоне, но из-за того, что я был госпитализирован, меня назначили инструктором резерва, вместо ожидаемого действующего инструктора. Я начал беспокоиться о том, стоит ли мне продолжать военную карьеру или нет, потому что запись о госпитализации негативно повлияет на мои будущие должности и повышения по службе.

Поразмыслив несколько недель о своем здоровье и больничной карте, я окончательно решил уволиться из армии по состоянию здоровья. 31 декабря 1967 года закончилась моя военная служба, которая длилась в общей сложности 10 лет.

В этот период жизни, я начал скептически относиться к своей жизни. Меня постоянно терзали вопросы о том, (1) почему Бог сделал так, что я поступил в Корейскую военную академию, когда я был принят на учебу в университет Йонсей, ведь я мечтал стать врачом? (2) почему Бог сделал так, что мне пришлось страдать от туберкулеза, даже если и недолго? (3) почему Бог сделал так, что мне пришлось уволиться из рядов армии и тем самым мне пришлось завершить свою военную карьеру в возрасте 30 лет?

Я помнил о необходимости понимать Божий план, который Он уготовил для всего человечества в том числе и меня. В Иеремии 29:11 говорится, что Божий план для людей состоит в том, чтобы «благословлять их, а *не* вредить им, чтобы дать будущность и надежду». Мне было интересно, были ли мои страдания от туберкулеза, хотя и кратковременные, Его благословением или вредом?

Тем не менее, страдая от туберкулеза я не умер. Если бы я не был болен, я бы никогда не встретил фармацевта Ким. И я начал убеждаться, что моя встреча с фармацевтом Ким была одним из тех этапов, которые Бог специально запланировал для меня заранее. Другими словами, я не смог бы встретиться с фармацевтом Ким, если бы не страдал от туберкулеза меньше года.

Кроме того, я чувствовал, что мне и в будущем понадобится совет фармацевта Ким, если и когда у меня возникнут проблемы со здоровьем. В то время девушка, на которой я хотел жениться, стала избегать меня, как только я сказал ей, что болен туберкулезом. Тогда я вспомнил о Божьем плане для меня. Я пришел к выводу, что Бог запланировал для меня встречу с фармацевтом Ким, позволив мне временно страдать от *легкой формы* туберкулеза.

После демобилизации из армии 31 декабря 1967 года я попросил фармацевта Ким приехать в Сеул и Инчхон, чтобы встретиться со мной. Так постепенно, между нами стали появляться чувства, и мы поняли, что влюбляемся друг в друга. Во время наших отношений я был уверен в своем здоровье и говорил себе: «Если бы мое здоровье было под вопросом, фармацевт Ким не стала бы встречаться со мной, в отличие от предыдущей девушки, на которой я планировал жениться».

15 мая 1968 года я предложил фармацевту Ким выйти за меня замуж, и она приняла мое предложение. Через месяц, 15 июня, мы с ней поженились в Сеуле в присутствии наших семей, родственников и друзей. Если бы Бог не запланировал мою легкую форму туберкулеза, я не смог бы встретить и жениться на фармацевте Ким.

С этого момента я хочу подчеркнуть тот факт, что фармацевт Ким была не только моим лекарем, но и моим пожизненным советчиком и компаньоном.

После нашего брака 1 октября 1968 года я один уехал в Америку, чтобы учиться в Соединенных Штатах. Она приехала ко мне в Нью-Джерси 11 июля 1969 года. Мы стали жить в крошечной квартирке в Эсбери-Парке, штат Нью-Джерси.

Я поступил на магистерскую программу по компьютерной инженерии в Рутгерском университете штата Нью-Джерси. Окончив университет, я получил степень магистра компьютерной инженерии в 1972 году. В 1979 году мы переехали в Потомак, штат Мэриленд, недалеко от Вашингтона, округ Колумбия. С тех пор мы с женой живем в пригороде Вашингтона, округ Колумбия.

Я поверил в Бога и поверил в то, что моя жена поможет мне достичь Божьего плана для меня, а именно, моего жизненного видения и американской мечты, одного из основных этапов.

Моя жена – это мой:

- лекарь
- хорошая жена и мудрая мать
- мой партнер и спутник на всю жизнь
- соработник в непрямых миссиях
- соучредитель фонда «Дети мира»

Пока мы жили в Америке, у нас родились два сына: Джин и Эдвард.

Наш старший сын, Джин, специализировавшийся в области компьютерных наук и инженерии в Массачусетском технологическом институте, является предпринимателем/исполнителем в области информационных технологий, который основал и продал несколько ИТ-компаний и работает в качестве эксперта в области слияний и поглощений. Наш второй сын, Эдвард, специализировавшийся на английском языке в Университете Мэриленда, основал компанию по оказанию ИТ-услуг, предоставляющую экспертные услуги как государственным, так и частным компаниям.

Я основал компанию OmniBio Secure, Inc. в качестве нового предприятия, в то время как International Computers & Telecom, Inc. (ICT) очень успешно развивалась как глобальная ИТ- и авиационная компания. Компания OmniBio Secure была очень перспективной сразу после событий 11 сентября, и я хотел сосредоточиться на развитии OmniBio Secure. Поэтому я предложил Джину и Эдди возглавить ICT, чтобы я мог сосредоточиться на расширении OmniBIO Secure.

Однако оба они отказались от моего предложения, заявив, что каждый из них создаст свою собственную компанию, большую, чем ICT. В итоге я продал ICT, но в конечном итоге их выбор и решение были правильными, потому что каждый из них основал и управлял гораздо более успешным бизнесом, чем ICT.

За успехом Джина и Эдварда самую большую роль сыграла моя жена. Она помогла двум моим сыновьям достичь многого во внеклассных мероприятиях, а также в академических занятиях, начиная с начальной школы и заканчивая колледжем. В 1981 году я отправился в Саудовскую Аравию, чтобы работать консультантом по информационным технологиям в компьютерной компании, принадлежащей одному из принцев Саудовской Аравии, где проработал почти год. Моей жене пришлось работать полный рабочий день, чтобы заработать на жизнь для нашей семьи в универмаге, пока я работал в Саудовской Аравии.

В 1980-е годы мы жили в относительно большом особняке площадью 2 акра в Потомаке, штат Мэриленд. Джин и Эдвард учились в колледже, а я постоянно уезжал из дома в командировки, поэтому моей жене приходилось самостоятельно управлять и обслуживать большой дом. Ей приходилось самой нанимать и управлять работниками, которые стригли газон летом, убирали листья осенью и чистили снег зимой. Тем не менее, без каких-либо жалоб она взяла на себя роль главы семьи вместо меня.

Пока два наших сына, Джин и Эдди, учились в начальной, средней и старшей школе, моя жена помогала им сосредоточиться не только на школьной программе, но и на внеклассных занятиях, таких как фортепиано, гитара, футбол, бойскаут и изучение корейского языка.

Что еще более важно, моя жена помогла Джину и Эдварду посещать церковь и изучать Библию с раннего возраста. В результате именно благодаря ей все члены семьи Джина и Эдварда стали набожными христианами. Эдвард работал молодежным лидером в своей церкви, а Джин преподает Библию в своей церкви.

Пока я получал степень магистра компьютерной инженерии в Университете Ратгерса в Нью-Брансуике, штат Нью-Джерси, моя жена работала в ночные смены в фармацевтической компании, чтобы заработать на жизнь.

В 1981 году я основал компанию International Computers & Telecom, Inc. (ICT), основанную на моем опыте в компьютерной инженерии и телекоммуникациях, в городе Потомак, штат Массачусетс. Компания ICT развивалась очень успешно и быстро, имея дочерние компании и филиалы не только в крупных городах США, таких как Нью-Йорк, Лос-Анджелес, Даллас, Чикаго, Сиэтл и Гонолулу, но и в Азии, Европе, Африке и Австралии.

Иногда мне приходилось уезжать за границу на несколько месяцев. Пока я не работал в штаб-квартире ICT, моя жена отвечала за все операции, особенно за начисление заработной платы и финансы, будучи вице-президентом по финансам.

Мы часто путешествовали вместе по делам и для удовольствия, как например, на встречи выпускников Гарвардской школы бизнеса. Она всегда молилась за меня, семью и компанию ICT и давала мне свои личные и религиозные советы и деловые рекомендации. Таким образом, она действительно была моим «личным и профессиональным партнером», который много помогал мне в принятии правильных решений.

Мы с женой делали все возможное, чтобы исполнить Великое Божье Поручение, всегда делая все возможное для выполнения наших текущих обязанностей.

Мы всегда молимся как дома, так и в церкви, прося Бога обеспечить не только безопасность, здоровье и благополучие наших семей, но и мир и безопасность наших общин, Соединенных Штатов, нашей родины, Кореи и всего мира. Мы также молимся о том, чтобы все почитали Бога и любили Иисуса.

В рамках нашей непрямой миссионерской работы мы с женой совершили несколько паломничеств по святым местам, таким как Израиль, Египет, Иордания, Греция, Италия, Испания, Португалия, Франция и Германия.

Моя жена - это мой пожизненный партнер и компаньон, движущая сила успеха меня, моей семьи и моего бизнеса. Она также помогала обеспечивать едой, жильем и образованием детей, неимущих в финансовом, физическом и/или социальном отношении во всем мире.

Формально филантропическая деятельность моей жены началась, когда в 1998 году в Южной Корее случился так называемый «финансовый кризис МВФ», когда многие корейские дети голодали в основном из-за того, что их родители потеряли работу и бизнес.

Стремясь помочь накормить голодающих детей в Корее, моя жена, г-жа Сук Джа Панг и г-жа Бун Джа Ю собрались вместе в нашем доме в Потомаке, штат Массачусетс, и основали организацию под названием «Матери, любящие страну», которая позже стала называться «Фонд детей мира» (GCF).

Поэтому Мок Джа Сон, Сук Джа Панг и Бун Джа Ю являются соучредителями фонда «Дети мира» (GCF) (www.globalchildren.org). В настоящее время GCF, основанный в июле 1998 года, насчитывает более 6 000 членов и помог более 500 000 детям в 41 стране, пожертвовав более 5 миллионов долларов.

До начала пандемии моя жена почти каждый год проводила сбор средств в Сеуле с друзьями через фонд GCF. Деньги, собранные в ходе этого мероприятия по сбору средств, были распределены среди детей в «Школьных помещениях» и обездоленных детей в Корее. Моя жена также передала часть собранных денег детям, пострадавшим от наводнения в Канныне, Корея.

В феврале 2002 года Ким Сон присоединилась к группе корейских медиков, посетивших Северную Корею вместе с Сук Джа Панг, на тот момент президентом GCF, чтобы предоставить одежду, одеяла и рамен северокорейским детям. Следующая фотография была сделана в детском саду «Саривон Синьянг» в городе Саривон, Северная Корея.

Ким Сон купила картину «Великая вечеря», сделанную в ремесленной лаборатории Пьонг Ён, расположенной в Пьонг Ён, Северная Корея, во время поездки по Северной Корее с 29 января 2002 года по 1 февраля 2002 года. Ким вставила ее в рамку после возвращения домой.

Кроме того, благодаря сотрудничеству с GCF, в качестве ежегодного мероприятия по сбору средств GCF в Вашингтонском филиале GCF был проведен турнир по гольфу.

Недавно, в связи с пандемией Covid -19, Генеральная ассамблея GCF была заменена на Zoom-встречу вместо очной. Более 110 членов приняли участие в Генеральной ассамблее GCF, которая состоялась 16 октября 2021 года.

Моя жена также занимала должность председателя Семейного консультационного центра Вашингтона (FCCGW) (https://www.fccgw.org/) и в настоящее время является одним из членов Совета управляющих.

Я также выделил стипендии для отличившихся студентов, которые участвовали в программе «Равный – равному» (P2P), спонсируемой FCCGW. В краткой речи я вдохновил их приложить все усилия для участия в американском мейнстриме.

***Подводя итог вышесказанному,*** Бог привел меня к достижению 6-го этапа, чтобы исполнить «Божий план для меня». Другими словами, Бог спланировал для меня и направил меня к браку с фармацевтом Мок Джа Ким, дав мне временные симптомы туберкулеза легких, чтобы мы, верующие в Иисуса Христа как Господа и Спасителя, были усыновлены как дети Божьи согласно Ефесянам 1:5, и чтобы фармацевт Ким стала моим лекарем. Конечно, во время моей трудной жизни в Америке она вела меня, помогая прямо или косвенно достичь «Божьего плана для меня», то есть моего Жизненного видения, будучи не только моей женой, но и моим Жизненным партнером и спутником (Ефесянам 1:5, Притчи Соломона 16: 9).

### 5.7 Этап 7: Бог привел меня к американской мечте через свидетельство коррумпированного корейского общества

В 1967 году я был госпитализирован в корейский армейский госпиталь с диагнозом «туберкулез легких». Вскоре, в конце 1967 года, я был демобилизован из армии Кореи. После увольнения из армии я вернулся к гражданской жизни в Сеуле и начал искать работу, чтобы заработать на жизнь. В январе 1968 года я увидел объявление о приеме на работу репортеров-стажеров в одну из новостных компаний в Сеуле. В то время более 200 человек подали заявления на вакансии репортеров.

К счастью, предметами теста были история Кореи, английский язык и общие принципы работы журналиста, и все они не требовали экспертных знаний. Тест по английскому языку состоял из двух частей - письменной и разговорной. Я уверенно справился со всеми тремя предметами, особенно с английским.

Так как я достаточно продолжительно жил в Америке, получая полную стипенцию, предоставленной Школой связи СВ армии США, с 1965 года, у меня был хороший уровень разговорного и письменного английского языка.

Мне повезло, что из более чем 200 конкурсантов я был выбран в качестве одного из четырех. Моей основной задачей в качестве стажера-репортера было написание специальных статей на основе интервью и пресс-релизов во время посещения каждого правительственного департамента и представление этих статей моему руководителю. Другой важной задачей был перевод всех международных новостных статей на английский язык из британского информационного агентства Associated Press (AP) и распространение переведенных новостных статей в ежедневные газеты в Корее.

Мне нравилось переводить новостные статьи AP на корейский язык, но я начал терять интерес к освещению политических, социальных и культурных статей. Основной причиной этого было то, что мои собственные статьи, написанные в результате долгих исследований, были опубликованы с оригинальными названиями и содержанием, измененными, искаженными или существенно искаженными без согласования со мной моим руководителем.

В частности, политические статьи сильно отличались от того, что я написал. В результате я начал испытывать недовольство от публикации статей, которые не соответствовали действительности. Однако у меня, как у репортера-стажера, не было возможности изменить систему. Поэтому я старался терпеть все, не жалуясь.

Но однажды случилось такое, что я больше не мог терпеть. Мне сказали присутствовать на большой пресс-конференции, проводимой одним из самых важных федеральных правительственных агентств в Корее. После окончания пресс-конференции каждому из присутствующих репортеров был роздан запечатанный конверт с большой суммой наличных. Сумма наличных была слишком велика для меня, получавшего очень маленькую месячную зарплату для репортера-стажера. У меня возник вопрос, почему мне выдали такую большую сумму наличными. Мне было интересно, почему мой руководитель поручил мне присутствовать на пресс-конференции.

Как выпускник Корейской военной академии, где все курсанты должны соблюдать этический кодекс, я не мог принять наличные деньги, которые не были справедливыми или законными. Я рассматривал конверт с деньгами как своего рода «взятку», за которую мне предлагалось написать для агентства любимые новостные статьи, которые должны были написать участники встречи.

Я не знал, что делать с деньгами в конверте. В конце концов, я решил отдать конверт своему начальнику, который поручил мне присутствовать на пресс-конференции, но он сказал, чтобы я оставил его себе как специальную премию, которая ежемесячно выдается за «хорошо выполненную работу» в федеральном правительственном агентстве. Кроме того, он призвал меня предоставить ему хорошую статью. Очевидно, такие пресс-конференции проводились ежемесячно. Поскольку я был новым репортером, мой босс хотел, чтобы я получил такую премию.

Подобные денежные конверты раздавались не только в государственных учреждениях, но и во многих организациях корейского общества. Например, руководители предприятий, а иногда даже таксисты, нарушавшие правила дорожного движения, использовали конверты с деньгами, чтобы скрыть свои коррупционные или противозаконные действия. Другой вопрос, с которым я не мог смириться, заключался в том, что мои коллеги-репортеры вообще не жаловались на такую социальную коррупцию. Поэтому я не мог общаться с коллегами-репортерами.

Именно в это время я начал усиленно размышлять о том, каков «Божий план для меня». В начале моей новой работы в качестве репортера я думал, что Бог наконец-то уготовил для меня удовольствие от карьеры профессионального журналиста. Однако я решил оставить работу репортера, потому что не мог мириться со взяточничеством и социальной несправедливостью.

Пока я думал, что делать дальше, мне вспоминался американский народ и общество, свидетелем которых я был, когда жил в течение одного года с 1965 года. Я встретил много гордых американцев, которые успешно достигли своей американской мечты, упорно работая. В результате все они внесли свой вклад в становление Америки как самой богатой, сильной и щедрой страны в мире. Я также убедился, что Америка - это нация законопослушных граждан.

Я чувствовал, что единственный способ изменить корейское общество, полное коррупции, нечестности и несправедливости - это национальное образование, предназначенное для всех граждан. Во время моего пребывания в Америке я посетил многие известные университеты, такие как Гарвард, Йельский, Массачусетский технологический институт, Принстонский, Колумбийский и университеты штатов, и узнал, что такие престижные учебные заведения способствовали тому, что американцы стали законопослушными гражданами. Я решил помечтать об американской мечте в Корее, чтобы изменить национальное образование в Корее и превратить корейское общество в справедливое, законопослушное и нравственное. Глубоко задумавшись над этим вопросом, я снова попытался вспомнить определение американской мечты, а именно: **«Если вы будете усердно работать, вы станете более успешными, чем были ваши родители»**.

Косвенно, коррупция и несправедливость в корейском обществе заставили меня мечтать об американской мечте. Другими словами, Бог побудил меня стать репортером новостей, чтобы я мог стать свидетелем коррупции и несправедливости в корейском обществе.

Я пришел к выводу, что если буду усердно учиться и работать, то смогу добиться успеха в изменении корейского общества. Эта мысль стала непосредственной мотивацией и причиной моего решения учиться в США. Я выбрал США, чтобы познакомиться с американским обществом и системой образования, которые помогут мне внести свой вклад в изменение корейского общества после того, как я получу докторскую степень и стану всемирно известным профессором.

Получив очень высокие баллы по тесту TOEFL, необходимому для обучения в США, я получил письмо о зачислении в Монмутский колледж, штат Нью-Джерси, расположенный рядом со Школой связи СВ армии США, где я жил и учился в течение года с 1965 года.

Работая журналистом, я высказывал фармацевту Ким много жалоб и критики в адрес корейского правительства и общества, пока встречался с ней. Я с удовольствием рассказывал ей о происходящем почти каждый день в письмах или по телефону. Она была немного озадачена, когда я отказался от своей прежней мечты стать депутатом Национального собрания и решил учиться в Соединенных Штатах.

Однако она похвалила меня за то, что я сдал тест TOEFL на очень высокие баллы и получил письмо о зачислении из Монмутского колледжа в Нью-Джерси. В то время я уже подумывал о женитьбе на фармацевте Ким, которая помогла мне вылечиться от туберкулеза.

Как только я подумал о фармацевте Ким как о женщине, на которой Бог запланировал мне жениться, я начал активно подходить к предложению руки и сердца. Так, я уделял больше времени свиданиям с ней во время поездок в Тэджон, Сеул и Инчхон. Наконец, мне удалось добиться того, что она приняла мое предложение выйти за меня замуж.

Итак, 15 июня 1968 года мы с фармацевтом Мок Джа Ким поженились в кругу семьи и друзей.

После этого моя жена продала аптеку в Тэджоне, купила и начала управлять аптекой под названием «Джеги Фармаси» в Джеги-дон, Сеул. Я был занят подготовкой к отъезду на учебу в США, но мы наслаждались счастливой жизнью молодоженов в нашем доме в Джеги-дон, Сеул, одновременно работая репортером в той же газетной компании.

Я планировал подать заявление на визу F-1 для обучения в Монмутском колледже с 1 августа 1968 года. В то время посольство США в Сеуле требовало, чтобы все заявители на американскую визу прилагали медицинскую справку из «специально назначенной больницы» вместе с рентгеновской пленкой. Я подал заявление на выдачу медицинской справки в «специально назначенную больницу» вместе с комплектом рентгеновских снимков, выданных корейской армией, которые подтверждали, что мой туберкулез полностью излечен.

Однако, к сожалению, врачи-рентгенологи в «специально назначенной больнице» постановили, что мой туберкулез не был полностью излечен, поэтому мне пришлось пройти новый рентгеновский тест и повторно подать заявление через месяц. Из-за этого я не только не смог подать заявление на визу в посольство США, но и не смог уехать в Америку до 1 августа 1968 года - крайнего срока регистрации на осенний семестр в Монмутском колледже.

Еще работая в газетной компании, я обратился в 3 разные больницы, чтобы подтвердить, что мой туберкулез излечен. Поскольку все они подтвердили, что мой туберкулез полностью излечен, я вернулся к руководителю рентгеновского отделения «специально назначенной больницы» и показал все собранные мною доказательства. Однако они по-прежнему отказывались подписывать представленную мной справку о состоянии здоровья. Они попросили меня подождать еще месяц.

Тогда я разозлился и лично пошел к начальнику рентгенологического отдела. Я сказал ему: «Я собираюсь подать заявление об уходе из газетной компании, как только получу американскую визу, показав ему свое удостоверение репортера. Я уже опаздываю на регистрацию на осенний семестр в Америке». Затем он сказал: «Почему вы не сказали нам, что вы репортер? Мы могли бы выдать справку о состоянии здоровья раньше!». В то же время он выдал справку о том, что мой туберкулез полностью излечен и вылечен.

В конце концов, я получил визу F-1 в посольстве США, но опоздал с регистрацией на осенний семестр. К счастью, колледж отложил мою регистрацию, и я смог уехать в Америку с 1 октября 1968 года.

Эта произвольная задержка в выдаче справки о состоянии моего здоровья на 3 месяца «специально назначенной больницей» показала еще одно доказательство того, что корейское общество было коррумпировано почти во всех областях, включая больницы. Заведующий рентгенологическим отделением, очевидно, выдал мне медицинскую справку немедленно только потому, что боялся, что я сообщу о ряде их незаконных и коррумпированных действий. В результате я понял, что Бог привел меня к мечте об американской мечте для того, чтобы усердно учиться в Америке, чтобы я мог преобразовать мир, а также корейское общество, предоставляя самое инновационное, эффективное и доступное образование людям в Корее и во всем мире.

***Подводя итог вышесказанному***, Бог побудил меня мечтать об американской мечте в Корее, поскольку этот этап был намечен в соответствии с «Божьим планом для меня» (Притчи Соломона 16:9).

# Глава 6
**Этап 8: По воле Бога я получил лучшее образование, знания и навыки лидерства и управления, необходимые мне для успешного достижения «американской мечты».**

### 6.1 Приезд в Америку в качестве студента F-1

1 октября 1968 года я вылетел из аэропорта Кимпо в Корее в Соединенные Штаты Америки в качестве студента F1, чтобы учиться и достичь своей жизненной мечты, имея в своем пакете всего 100 долларов. В то время корейское правительство не разрешало студентам F-1 иметь при себе более 100 долларов из-за государственной политики экономии иностранной валюты.

Поскольку выдача справки о состоянии здоровья, необходимой для получения визы F-1, посольством США в Корее задерживалась, в основном из-за коррупции в корейском обществе, я не смог поступить в Монмутский колледж на осенний семестр. К счастью, Монмутский колледж принял мою позднюю регистрацию.

Проучившись два семестра в Монмутском колледже, я перевелся в Ратгерский университет (Университет штата Нью-Джерси) в Нью-Брансуике, чтобы получить степень магистра компьютерной инженерии.

Я отправил пригласительное письмо своей жене в Сеул, чтобы она могла присоединиться ко мне в качестве супруги студента F-1 с выданной визой F-2. Однако в то время корейское правительство не разрешало супругам студентов F-1 выезжать за границу в соответствии с корейским законодательством в целях экономии иностранной валюты.

Во время моего обучения в Школе связи СВ армии США, расположенной недалеко от Монмутского колледжа, в течение одного года с 1965 года, у меня появилось много американских друзей. Когда я встретился с ними после возвращения в качестве студента, они спросили меня, почему я не привез в Америку свою жену. Когда я объяснил им корейский закон, они вызвались помочь мне привезти ее в Америку. Мой хороший друг подготовил петицию, подписанную 100 гражданами, проживающими в районе города Итон, штат Нью-Джерси, и отправил петицию своему конгрессмену, чтобы попросить корейское правительство разрешить моей жене присоединиться ко мне.

В результате конгрессмен написал специальное письмо госсекретарю США, чтобы тот проконсультировал министра иностранных дел корейского правительства. Однако корейское правительство не помогло делу моей жены.

Я изменил свою стратегию, чтобы привезти жену. Поскольку я работал инженером-электронщиком в компании Harvard Industries в штате Нью-Джерси, я попросил компанию пригласить мою жену, которая была фармацевтом в Корее, на работу в качестве химика в Harvard Industries. Поэтому компания направила письмо непосредственно в правительство Кореи, чтобы моя жена могла работать химиком. Это письмо помогло корейскому правительству разрешить моей жене получить рабочую визу в посольстве США в Сеуле, потому что корейское правительство поощряло своих граждан работать за границей, чтобы зарабатывать иностранную валюту.

Моя жена приехала ко мне в Эсбери Парк, штат Нью-Джерси, 11 июля 1969 года, примерно через год после нашей свадьбы. Мы начали жизнь молодоженов в небольшой квартире. Мы также купили небольшой подержанный автомобиль. Моя жена начала работать химиком в Harvard Industries, Inc., где работал я, в течение шести месяцев. Позже мы переехали в Пискатауэй, штат Нью-Джерси, чтобы я мог посещать Рутгерский университет в течение полного рабочего дня.

Примерно через год, в 1970 году родился наш первый сын Джин. Примерно через 3 года родился наш второй сын, Эдвард.

## 6.2 Получение степени магистра в области компьютерной инженерии

Опыт прохождения курсов программирования на языке FORTRAN в Школе связи СВ армии США в 1965 году очень помог мне не только получить степень магистра компьютерной инженерии в Ратгерском университете, но и найти работу по специальности в качестве инженера-компьютерщика после окончания университета. Я вновь вспомнил, что Бог заранее приготовил для меня достижение четвертого этапа: «Бог привел меня на учебу в Школу связи СВ армии США с предоставлением полной стипендии (Притчи Соломона 16:9)».

## 6.3 Предложения о работе от компаний, занимающихся компьютерным инжинирингом

Пока я работал в корейской армии инженером связи, я многое узнал об оборудовании связи армии США. Кроме того, я много учился тому, как использовать и обслуживать приборы связи армии США в Школе связи СВ армии США. Кроме того, я получил гражданство США, а также степень магистра компьютерной инженерии в Ратгерском университете, одном из лучших университетов компьютерной инженерии

62

в Америке.

В результате я смог получить отличные предложения о работе от многих компаний, занимающихся компьютерной инженерией в Нью-Джерси. В итоге я согласился на работу в качестве инженера-компьютерщика в Litton Industries, Inc., одной из крупнейших ИТ-компаний в Америке. В течение года я работал инженером в отделе торговых точек (POS). Вскоре после этого меня перевели в подразделение Monroe Calculator Division компании Litton Industries, Inc.

Я участвовал в разработке калькуляторов на основе транзисторно-транзисторной логической схемы (ТТЛ). Позже меня направили изучать микропроцессор первого поколения Intel 4004, который называют «компьютером на чипе», изобретенным корпорацией Intel. Меня направили в Сан-Хосе, штат Калифорния, где я остался, чтобы изучить все о микропроцессоре 4004, начиная с программирования и заканчивая проектированием микропроцессорных цифровых систем, таких как калькуляторы и POS-системы.

### 6.4 Инженер-разработчик микропроцессорных систем

В ноябре 1971 года корпорация Intel изобрела первый в мире однокристальный микропроцессор под названием Intel 4004. Он представлял собой 4-битный процессор с более чем 2000 транзисторов, работающий на частоте более 700 кГц. Изобретение Intel 4004, однокристального компьютера, вскоре привело к недавней революции персональных компьютеров.

Компания Monroe Calculator Company, в которой я работал, разрабатывала, производила и продавала калькуляторы на основе ТТЛ-транзисторов, которые были более конкурентоспособны по размеру, скорости и цене. В 1972 году корпорация Intel предложила нескольким компаниям, производящим калькуляторы, включая Monroe Calculator Company, пройти обучение по проектированию калькуляторов на базе микросхемы Intel 4004, поскольку она лучше всего подходила для рынка калькуляторов с точки зрения размера, скорости и стоимости.

В 1972 году я был отобран в корпорацию Intel в Пало-Альто, штат Калифорния, для прохождения интенсивного обучения по применению микросхемы 4004 при разработке калькуляторов. Мое обучение длилось 6 месяцев, и пока я проходил обучение в корпорации Intel, я очень много работал, чтобы освоить все области применения процессора 4004, включая проектирование аппаратного обеспечения и программирование на языке ассемблера.

После возвращения в Monroe Calculator Company я рекомендовал компании заменить традиционный калькулятор на базе ТТЛ на калькулятор на базе 4004, чтобы уменьшить его физические размеры и увеличить скорость. Я помог своей команде в Monroe разработать калькулятор Protype Calculator на базе 4004. Калькулятор Protype был успешным, и позже нашей команде удалось преобразовать старый калькулятор на базе ТТЛ в калькулятор на базе 4004, что значительно уменьшило фактический размер калькулятора, а также его цену.

Позже корпорация Intel изобрела микропроцессоры 4040, 8008 и 8080, которые были намного мощнее микропроцессора первого поколения, Intel 4004. Микропроцессоры 8008 и 8080 были использованы для замены ряда систем на базе ТТЛ, таких как калькуляторы, торговые точки, автомобильные функции и текстовые процессоры.

В 1974 году я был нанят компанией Addressograph-Multigraph Corp. для разработки текстовых процессоров на базе 8080, поскольку я был одним из немногих инженеров, способных проектировать микропроцессорные системы. Я стал менеджером по программному обеспечению, ответственным за проектирование и разработку системы обработки текстов AMTXT. Эта ранняя версия текстового процессора не была такой мощной, как современный Microsoft Word, но, как ранний текстовый процессор, она обладала многими мощными функциями, и ее использовали многие организации, такие как федеральные правительственные агентства.

## 6.5 Проектировщик систем на базе мини-компьютера

Я начал работать в корпорации Lockheed в Плейнфилде, штат Нью-Джерси. В 1978 году в должности старшего системного инженера я отвечал за разработку операционных систем для схем полетов воздушного движения на базе мини-компьютеров. Я проектировал аэронавигационные системы для многих стран, включая Саудовскую Аравию.

В 1979 году мне предложили должность инженера-исследователя в Научно-исследовательском институте связи армии Кореи в Сеуле. Однако моя семья не хотела переезжать в Корею, поэтому я не принял это предложение. Вместо этого я переехал в Вашингтон, округ Колумбия, с долгосрочными планами начать свой собственный бизнес в области информационно-технологических систем, поскольку я получил дорогостоящие знания и опыт в проектировании систем на базе микропроцессоров и мини-компьютеров.

## 6.6 Основание и деятельность компании International Computers & Telecom, Inc. (ICT)

В 1981 году я основал компанию под названием International Computers & Telecom (ICT) в Роквилле, штат Мэриленд, с оборотным капиталом всего в 1000 долларов, основываясь в первую очередь на своем обширном опыте работы с микропроцессорами, мини-компьютерами и телекоммуникациями.

Однако из-за отсутствия финансирования я был единственным сотрудником ICT, и в течение первых 6 месяцев я носил 4 разные визитные карточки: (1) председатель правления, (2) президент и генеральный директор, (3) менеджер по маркетингу и (4) системный инженер, и использовал их соответственно в зависимости от типа людей, с которыми я имел дело.

Я подписал первый контракт ICT с компанией информационных технологий, принадлежащей одному из принцев Саудовской Аравии, и в течение 7 месяцев работал в Эр-Рияде, Саудовская Аравия, разрабатывая различные финансовые системы на базе компьютеров HP.

В 1982 году ICT выиграла контракт на 4,5 миллиона долларов от Министерства жилищного строительства и городского развития США (МЖСГР) на обслуживание глобальных финансовых систем МЖСГР в США и его территориях, таких как Гуам и Пуэрто-Рико.

Позже ICT выиграла контракт на сумму 15 миллионов долларов на проектирование, разработку и установку систем оповещения о сдвиге ветра на малых высотах (СОСВМВ) в 110 крупных гражданских аэропортах США. Позже я узнал, что Бог запланировал для меня получение крупного контракта на разработку и установку в международном аэропорту Инчхон от корейского правительства.

После того как ICT успешно реализовала контракт ФАУ на СОСВМВ, репутация ICT стала известна и распространилась во многих различных государственных учреждениях. Позже ICT получила ряд крупных и мелких контрактов от федеральных правительственных ведомств США, включая Министерства обороны, армии, флота, ВВС и морской пехоты.

Один из крупнейших оборонных контрактов был заключен Министерством армии США с компанией ICT. Это была автоматизированная система информационного обеспечения процесса управления ВС на ТВД (АСИОПУ) для американских сил в Корее (АССША). Я основал дочернюю компанию под названием Global Tech Co., Ltd. в Сеуле, Корея, для проектирования, разработки, эксплуатации и обслуживания АСИОПУ с минимальными затратами, поскольку в Корее было много талантливых ИТ-специалистов.

### 6.7 Прохождение программы «Управление для собственников и руководителей» (УСР) в Гарварде

Хотя я был уверен во всех аспектах технической сферы, у меня не было формальной подготовки в области управления персоналом, управления проектами и контрактами, а также маркетинга.

Пока компания ICT успешно развивалась, Гарвардская школа бизнеса (ГШБ) предложила мне обучение по специальной программе под названием «Управление для собственников и руководителей» (УСР). Интересно, что программа УСР в ГШБ имеет такие прозвища, как «Деньги других людей» и «Отдел управления кадрами». Мне было интересно пройти программу ОРМ, но меня беспокоило то, что я должен был делегировать управление ИКТ старшему вице-президенту в течение всего периода, когда я учился в ГШБ, Бостон.

ГШБ требовала особых условий приема для всех абитуриентов УСР. Абитуриенты должны быть владельцем и президентом компании с годовым доходом не менее $10 млн. и должны иметь возможность посещать краткосрочные сессии, проживая в общежитии ГШБ в течение 3 лет.

В 1991 году годовой доход компании ICT составлял более 15 миллионов долларов, и я обладал всеми другими квалификационными требованиями для поступления, поскольку был владельцем, президентом и генеральным директором ICT. Я был одним из 110 студентов, зачисленных в 17 класс УСР со всего мира, включая Северную Америку, Южную Америку, Европу, Азию, Африку и Австралию.

По окончании программы УСР каждый из нас получил сертификат и стал одним из выпускников Гарвардского университета. В ГШБ было много программ для руководителей, но УСР известна как самая прибыльная и популярная программа в ГШБ, потому что все студенты УСР уже были владельцами и президентами успешных компаний. Среди 17 студентов УСР были владельцы крупных нефтяных компаний и банков.

Каждая программа ГШБ проводит встречи выпускников каждый год, и первая встреча выпускников УСР 17 состоялась в Вашингтоне, округ Колумбия, фактически в нашем доме в Потомаке, штат Мэриленд. Мы с женой подготовили грандиозный прием по случаю встречи выпускников, пригласив всех наших однокурсников к себе домой. Те одноклассники, которые присутствовали на встрече выпускников, отметили, что 1-я встреча выпускников класса УСР 17 прошла с большим успехом.

Вторая встреча УСР 17 состоялась в Австралии. В дальнейшем встречи УСР 17 проводились в Пуэрто-Рико, Германии, Бразилии, Исландии, Бостоне, соответственно.

## 6.8 Компания ICT получила основной контракт на строительство международного аэропорта Инчхон (МАИ)

В 1991 году правительство Кореи объявило о проведении запроса предложений, чтобы многие мировые компании по строительству аэропортов могли представить свои предложения по строительству Международного аэропорта Инчхон (МАИ), сразу после завершения разработки генерального плана по проектированию и строительству МАИ.

Большинство международных аэропортов состоит из трех основных функциональных зон: (1) взлетно-посадочных полос, где взлетают и садятся самолеты, (2) зданий терминалов, где размещаются пассажиры и грузы до посадки и после прибытия, и (3) технологических систем и оборудования, таких как радары, системы управления воздушным движением, компьютерные и коммуникационные системы.

Моя компания, International Computers & Telecom, Inc. (ICT), не имела опыта строительства международных аэропортов с нуля, но ICT имела опыт работы с существующими аэропортами. ICT была основным подрядчиком Федерального авиационного управления (ФАУ) по проектированию и установке систем оповещения о сдвиге ветра на малых высотах (СОСВМВ) в 110 гражданских аэропортах США. В 1970-х годах в аэропорту Далласа в Техасе произошла крупномасштабная авария с гибелью большого количества пассажиров из-за внезапного сильного порыва микродуги вдоль взлетно-посадочных полос. ФАУ заключило крупномасштабный контракт на проектирование, разработку и установку СОСВМВ с компанией ICT, которая имела большой опыт и возможности в различных типах ИТ и телекоммуникационных систем.

Система СОСВМВ, разработанная и установленная компанией ICT, обнаруживает движение воздуха, в частности, сильное кратковременное нисходящее движение ветра в районе аэропорта, и уведомляет диспетчера аэропорта о силе, скорости и направлении движения ветра в районе аэропорта, особенно взлетно-посадочных полос. Диспетчер считывает данные с экрана радара, чтобы проверить наличие нисходящего движения ветра прежде, чем диспетчер уведомляет пилота каждого самолета о взлете или посадке.

Диспетчер аэропорта часто задерживает или даже отменяет взлет или посадку любого самолета в зависимости от силы любого направления движения ветра в районе взлетно-посадочных полос. В любом случае, СОСВМВ - это первая в мире система, разработанная для обнаружения любого движения ветра в районе аэропорта. Компания ICT разработала и установила СОСВМВ в 110 гражданских аэропортах США.

В 1991 году я узнал, что Республика Корея опубликовала и объявила запрос предложений на проектирование и строительство международного аэропорта Инчхон (МАИ). В то время я считал, что МАИ должен установить СОСВМВ, современную разработанную систему оповещения о направлении ветра, потому что я знал, что Корея - одна из стран с сильными ветрами и микропорывами ветра, которые часто дуют вокруг многих аэропортов, включая аэропорт Чеджу.

Однако я полагал, что корейское правительство никак не могло знать о существовании СОСВМВ для оповещения диспетчера аэропорта о микропорывах ветра, поскольку СОСВМВ - единственная в мире современная система, разработанная и установленная компанией ICT для обнаружения любых направлений ветра в районе аэропорта.

Поэтому я попросил ФАУ одобрить передачу технологии СОСВМВ правительству Кореи, чтобы СОСВМВ можно было установить на МАИ. ФАУ одобрило и разрешило мне взять сертификат передачи технологии корейскому правительству для установки СОСВМВ на МАИ. Итак, в 1991 году я посетил Министерство строительства и транспорта Кореи, чтобы передать технологию СОСВМВ, разработанную американским ФАУ.

Меня сопровождали два старших управляющих, которые уволились из ФАУ, чтобы работать на ICT для разработки и установки СОСВМВ в 110 аэропортах США, в попытке помочь корейскому правительству установить СОСВМВ. Это был мой первый визит в Корею с тех пор, как я уехал из Кореи для учебы в Америке в 1968 году.

В то время сотрудники управления строительства МАИ Министерства строительства и транспорта приветствовали меня и двух директоров ICT (бывших директоров ФАУ). Мы выяснили, что сотрудники министерства не только ничего не знали о СОСВМВ, но и не планировали установку СОСВМВ в Генеральном плане МАИ.

Когда сотрудники министерства узнали о важности СОСВМВ в МАИ, зная, что во многих аэропортах Кореи бывают сильные ветра, они попросили двух директоров ICT (бывших директоров ФАУ) изобразить расположение СОСВМВ на чертеже генерального плана МАИ. После того, как два сотрудника ICT провели около двух часов, подробно изучая Генеральный план, они нанесли приблизительные места установки СОСВМВ.

После этого сотрудники министерства рассказали нам, что правительство Кореи опубликовало запрос предложений на строительство МАИ, где несколько консорциумов будут соревноваться друг с другом, и что ICT может участвовать в конкурсе в качестве одного из консорциумов. В то время я думал, что ICT, как компания, специализирующаяся на информационных и телекоммуникационных системах, не имеет опыта в проектировании и строительстве крупных международных аэропортов. Однако я подумал о создании консорциума, в котором ICT могла бы объединиться с одной компанией для строительства взлетно-посадочных полос, а другая компания - для строительства зданий пассажирских терминалов. Итак, я вернулся в США на следующий день и начал работать с компетентными международными компаниями по строительству аэропортов, чтобы сформировать консорциум.

После тщательного изучения и анализа я сформировал ICT-консорциум, состоящий из 4 компаний: (1) ICT, ответственная за все технические системы и оборудование, (2) Parsons, ответственная за здания пассажирских терминалов, (3) Turner Construction Company, ответственная за взлетно-посадочные полосы, и (4) Korea Electric Power Company (KEPCO), ответственная за связь между правительством Кореи и ICT-консорциумом.

Как «Руководитель консорциума ICT», я отвечал за все, что касалось планирования, написания предложения и подачи предложения консорциума ICT.

Было еще два конкурирующих консорциума. В качестве выигрышной стратегии для ответа на запрос предложений я применил SWOT-анализ (анализ слабых и сильных сторон), который я подробно изучал в Гарвардской школе бизнеса, и «Искусство войны» Сунь-Цзы, в котором говорится: **«Если ты знаешь врага и знаешь себя**, тебе не нужно бояться результата **сотен сражений»**. Корейцы переводят «Искусство войны» несколько иначе: если вы знаете себя И врага, вы *выиграете* сто битв.

SWOT-анализ был успешно использован в качестве ключевой маркетинговой стратегии ICT для выигрыша многих контрактов, после того как я изучил теорию и ее применение во время обучения по программе УСР в Гарвардской школе бизнеса. Я знал SWOT-анализ до того, как прошел программу УСР в Гарварде, но я уделял большое внимание анализу наших конкурентов против нашей компании.

Я тщательно изучил и проанализировал сильные и слабые стороны обоих конкурирующих консорциумов в сравнении с консорциумом ICT. Например, ICT был очень силен в области информационных и коммуникационных систем и оборудования, такого как радар, но не имел практического опыта в строительстве зданий пассажирских терминалов и взлетно-посадочных полос. Однако консорциум ICT был на равных с другими консорциумами, наняв строительные компании Parsons и Turner.

В то же время я тщательно изучил запрос на предложение, выпущенный МАИ. Я обнаружил, что запрос предложений МАИ настоятельно требовал, чтобы конкурирующие консорциумы обладали **обширным опытом, знаниями и знакомством со всеми правилами ФАУ на основании бывших контрактов ФАУ** и бывших сотрудников ФАУ. МАИ настоятельно подчеркивал, что консорциумы должны обладать необходимым опытом и рабочей силой, чтобы хорошо знать правила ФАУ благодаря бывшим контрактам с ФАУ *и* иметь сотрудников, которые были бывшими менеджерами ФАУ, в основном потому, что правительство Кореи хотело расширить отличные отношения с Соединенными Штатами Америки во всех областях, особенно в экономике и торговле. Хотя это не было указано в запросе предложений МАИ, Соединенные Штаты являются самым сильным союзником Республики Корея со времен Корейской войны во всех аспектах и крупнейшим торговым партнером Кореи.

Я отметил не только тот факт, что у ICT был крупный контракт с ФАУ США на установку СОСВМВ в 110 аэропортах США, но и тот факт, что ICT наняла нескольких бывших директоров/менеджеров ФАУ в качестве собственных сотрудников ICT (не консультантов). В то же время я изучил конкурирующие консорциумы на предмет их бывших контрактов с ФАУ и их кадровый состав в отношении бывших менеджеров/сотрудников ФАУ.

К моему большому удивлению, у других консорциумов не было ни прежних контрактов с ФАУ, ни сотрудников, которые были менеджерами ФАУ. Они обычно нанимали консультантов, которые были знакомы с правилами ФАУ, но МАА специально искала сотрудников консорциума, которые были менеджерами ФАУ, а не консультантов консорциума.

Как руководитель консорциума ICT, я выяснил, что экономическая эффективность была одним из наиболее важных факторов, указанных в запросе предложений МАИ. Зная, что компании-конкуренты консорциума, включая Hyundai Construction, имели очень высокие накладные расходы, я убедил членов консорциума ICT, а именно Parsons, Turner и Korea Electric Company, максимально снизить маржу прибыли.

Одним словом, Консорциум ICT представил правительству Кореи выигрышное предложение, выполнив или превысив все ключевые требования, перечисленные выше в запросе предложений МАИ.

Как результат, Консорциум ICT получил контракт на проектирование и строительство МАИ на 10 лет, начиная с 1992 года, в качестве основного подрядчика.Я работал в качестве руководителя консорциума ICT, проживая в Корее в течение всего срока действия контракта МАИ. Я основал корейскую дочернюю компанию под названием «Global Tech, Ltd. Co.» для управления контрактом МАИ. Я также нанимал корейские компании в качестве субподрядчиков для обеспечения экономической эффективности.

ICT успешно завершила строительство международного аэропорта Инчхон в 2002 году и установила СОСВМВ в международном аэропорту Чеджу в Корее по отдельному контракту, в международном аэропорту Чан Кай-ши и аэропорту Сонгшан в Тайване. В результатс компания ICT установила СОСВМВ в 114 аэропортах, включая 110 гражданских аэропортов США, международный аэропорт Инчхон, международный аэропорт Чеджу, тайваньский международный аэропорт Чан Кайши и аэропорт Сонгшан.

Бог заранее запланировал, чтобы я (1) мечтал об американской мечте, (2) учился в Ратгерском и Гарвардском университетах, (3) основал и успешно управлял международной ИТ-компанией, (4) получил и успешно установил крупномасштабный контракт СОСВМВ от ФАУ, подготовившись к тому, чтобы я получил контракт Международного аэропорта Инчхон (МАИ) от правительства Кореи и успешно построил МАИ.

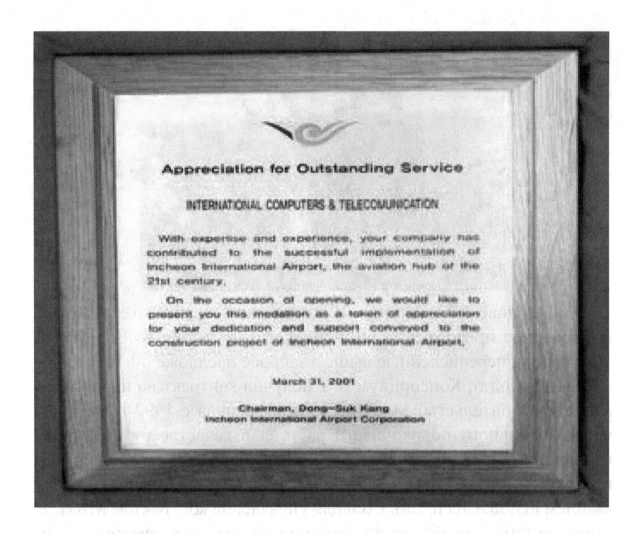

## 6.9 Компания ICT: Подрядчик восьмой армии США на разработку, эксплуатацию, обучение и обслуживание информационной системы управления и контроля тактической воздушной армии (ИСУКТВА)

Компания ICT получила контракт на разработку, эксплуатацию, обучение и обслуживание информационной системы управления и контроля тактической воздушной армии (ИСУКТВА) от 8-й армии США, дислоцированной в Йонгсане, Корея. Контракт ИСУКТВА был одним из масштабных государственных контрактов, заключенных с ICT в 1991 году. ICT отвечала за контракт ИСУКТВА более 10 лет. ICT создала и управляла филиалом на Окинаве, поскольку ICT должна была поддерживать ИСУКТВА на Окинаве, Япония.

Для того чтобы экономически эффективно поддерживать этот контракт ИСУКТВА, компания ICT основала дочернюю компанию под названием Global Tech, Co., LTD в Сеуле, Корея, и наняла способных корейских специалистов, свободно владеющих английским языком, для совместной работы с сотрудниками ICT, привлеченными из США для

ИСУКТВА.

Компания Global Tech, Co. LTD. обеспечивала очень экономически эффективную кадровую, техническую и логистическую поддержку операций ICT в Корее, включая контракт с Международным аэропортом Инчхон (МАИ) и контракт с Международным аэропортом Чеджу, а также контракт с ИСУКТВА.

**6.10 Компания ICT: Создание и деятельность внутренних филиалов в крупных городах США и зарубежных филиалов в Корее, Тайване Гонконге, Германии и Танзании**

По мере роста компании ICT на внутреннем и международном рынках, компания создала и управляла дочерней компанией в Сеуле, Корея и Гонконге, а также многочисленными филиалами в крупных городах США и за рубежом, а именно:

В США:

• Гайтерсбург, штат Массачусетс: штаб-квартира

• Лэнхем, штат Мэриленд, США

• Кристал Сити, штат Вирджиния

• Нью-Йорк, штат Нью-Йорк

• Чикаго, штат Иллинойс

• Атланта, штат Джорджия

• Лос-Анджелес, штат Калифорния

• Военно-воздушная станция Пойнт Мугу, Камарилло, штат Калифорния

• Сан-Диего, штат Калифорния

• Сиэтл, штат Вашингтон

• Гонолулу, штат Гавайи

В зарубежных странах:

• Сеул, Корея: филиал ICT и дочерняя компания (Global Tech, Co. Ltd.)

• Коулун, Гонконг: Дочернее предприятие ICT (Global Aviation Systems, Inc.)

• Окинава, Япония: Филиал ICT

• Тайбэй, Тайвань: Филиал ICT

• Перт, Австралия: Филиал ICT

• Манхайм, Германия: Филиал ICT

• Дар-эс-Салам, Танзания: Филиал ICT

Найроби, Кения: Филиал ICT

**6.11 Компания ICT: Обладатель премии «Самый быстрорастущий малый и средний бизнес» на востоке Соединенных Штатов Америки**

Созданная в 1981 году с инвестициями в размере 1000 долларов США, компания ICT была признана самой быстрорастущей и успешной среди малых и средних компаний Восточного побережья США, так как в течение 10 лет с момента основания ее годовой объем продаж превысил 10 миллионов долларов США. В результате в течение трех лет, с 1991 по 1993 год, компания ICT была признана «Самым быстрорастущим частным предприятием» на Восточном побережье США ассоциацией под названием «Топ 50». В 1993 году журнал «Inc. 500» признал компанию ICT 76-й самой быстрорастущей частной компанией в США.

В 1989 году компания ICT получила награду «Предприниматель, предоставляющий равные возможности» от города Роквилл, штат Мэриленд. В 1993 году я, как президент и генеральный директор ICT, получил награду «Предприниматель года» от губернатора штата Мэриленд Уильяма Дональда Шефера.

## 6.12 Компания ICT: Обладатель множества наград как отличное предприятие от государственных и частных организаций

Поскольку компания ICT была признана одним из самых успешных международных предприятий в области информационных технологий, телекоммуникаций и строительства международных аэропортов, особенно среди азиатско-американских предприятий, президент Джордж Буш пригласил меня и мою супругу в Белый дом. Кроме того, мне представилась возможность встретиться с другими президентами США: Президентом Рональдом Рейганом, Президентом Биллом Клинтоном, Президентом Джорджем Бушем-младшим, и сенаторами США: сенаторами Элизабет Доул, Полом Сарбейнсом и Чаком Роббом.

## 6.13 Забитые мячи в гольфе, 2000 и 2012гг.

Я люблю играть в гольф, потому что я считаю, что игра в гольф очень похожа на ведение бизнеса с целью, планом и этапами (ЦПЭ), установленными в каждом действии. Перед тем как забить мяч в каждую лунку, например, в пар 5, (1) мы ставим цель, которая, как правило, является пар как минимум, (2) мы намечаем план удара вторым мячом и (3) мы намечаем этапы для третьего и четвертого мяча, если это необходимо. Например, если по направлению к грину есть ямка или песчаный участок, мы должны поставить перед собой цель ударить 2-м мячом и 3-м мячом, если это необходимо.

У меня нет таланта к гольфу, но я стараюсь играть в гольф при любой возможности. Причина, по которой я не показываю хороших результатов в гольфе, хотя и применяю ЦПЭ, заключается в том, что у меня много физических ограничений. Например, я не могу далеко отбивать мячи. Однако я стараюсь применять Цель, План и Этапы (ЦПЭ) при каждом ударе. Я могу играть лучше, когда применяю ЦПЭ, чем когда бью по мячам без применения ЦПЭ.

Я стараюсь играть в гольф даже во время путешествий. Я всегда заранее планирую поиск отеля рядом с полем для гольфа. Иногда я играю в гольф с совершенно незнакомыми людьми, которые, как оказывается, являются бизнесменами. Во время и после игры мы говорим о делах. Цели игры в гольф каждый раз самые разные: участие в турнире по гольфу и получение призов, дружба с друзьями по гольфу или поддержание личного здоровья.

Обычно я начинаю игру с целью «два берди» или хотя бы «один берди», в зависимости от характера поля для гольфа. Конечно, бывают случаи, когда я не достигаю запланированных целей, но если каждый раз бить без цели, то прогресса не будет...

С тех пор как я начал играть в гольф в 1980-х годах, я два раза смог сделать «посыл мяча в лунку одним ударом»: один в Мэриленде в 2000 году, а другой во Флориде в 2012 году.

Хотя попадание методом «посыл мяча в лунку одним ударом» на пар-3 во многом зависит от «удачи», два моих таких посыла были прямым результатом применения отличного планирования и этапов, хотя у меня не было цели попасть в лунку одним ударом, но такие факторы как правильная клюшка, правильный замах, погода, состояние гринов и скорость мяча были учтены.

Мы с моей женой Ким Сон играем в гольф вместе, особенно во время совместных путешествий. Она была свидетелем моего удара в лунку на поле для гольфа Micro-West недалеко от Орландо, штат Флорида.

Недавно Ким сделала орлиный удар на 18-й лунке (пар 4) поля для гольфа Falls Road в Потомаке, штат Мэриленд.

Нам с Ким нравится играть в гольф с членами команды Green Pasture Team в Монтгомери Кантри Клаб, хорошем частном клубе в Лейтонсвилле, штат Мэриленд. Никто из нас не хочет пропустить встречу игроков «19-й лунки», которая проводится после «18-й лунки», независимо от того, хорошо ли мы сыграли в гольф или нет.

Поскольку я люблю играть в гольф, меня часто называют «гольфистом». Мы купили дом рядом с 7-й лункой поля для гольфа Tournament Players Club (TPC) в Потомаке, штат Мэриленд.

Однажды в воскресенье, в 2013 году, я играл в гольф с другом в TPC и тут я заметил вице-

президента Джо Байдена (в настоящее время президент США), который играл на две лунки позади нас. После окончания игры в гольф мы наблюдали, как вице-президент Байден делает удар на 18-й лунке. Мы также увидели много охранников, наблюдавших за его игрой. Тогда мы с другом спросили у охранника рядом с нами: «Можем ли мы сфотографироваться с вице-президентом Байденом после того, как он закончит играть на 18-й лунке?». Охранник категорически отказался с твердым и громким «Нет!».

Однако, услышав наш разговор с охранником, вице-президент Байден громко сказал нам: «Спускайтесь. Давайте сфотографируемся!», к нашему удивлению. Таким образом, нам выпала честь сфотографироваться с вице-президентом Байденом. В 2020 году Джо Байден был избран на пост президента США.

Многие люди, глядя на мою фотографию с тогдашним вице-президентом Байденом, предполагают, что я играл в гольф с вице-президентом Байденом, и спрашивают меня в шутку: «Сколько мячей он отбил?». Однако они разочаровываются, когда я говорю им, что я не играл с ним в гольф.

В 2017 году на том же поле для гольфа ТРС я пригласил корейского игрока Женской профессиональной ассоциации гольфа Ёнгин Чун, которая родилась в Америке, а ее отец, доктор наук Чун Вук Хеу, является профессором-преподавателем. Я сказал Ёнгин, что буду давать ей по 100 долларов каждый раз, когда она будет бить по бёрди. У меня закончились 100-долларовые купюры, когда она сделала 4-й удар по бёрди. Поэтому мне пришлось взять еще 100 долларов в клубном доме, чтобы она сделала еще несколько бёрди после того, как мы сыграли 18 лунок. Я так горжусь ею как корейской спортсменкой Женской профессиональной ассоциации гольфа.

Чтобы поддержать ее, я начал давать ей немного денег, награждая за каждый бёрди, потому что напрямую от меня она не получала никаких денег.

## 6.14 Журнал «The Korean American Life» и главная американская награда «Mainstream America Awards»

Я хотел вдохновить американских корейцев участвовать в различных мероприятиях американского мейнстрима, а не просто придерживаться корейской культуры, живя в Америке. Иногда я замечал, что корейцы соревнуются с другими корейцами, а не стремятся участвовать в американском мейнстриме.

Я хотел, чтобы американцы корейского происхождения конкурировали с американским мейнстримом во всех аспектах, а именно в бизнесе, политике, образовании, спорте, журналистике и общественной работе, хотя им трудно забыть все корейские традиции и культуру. Мы должны поощрять корейских американцев второго поколения, особенно тех, кто родился в Америке, участвовать в американском мейнстриме.

Именно поэтому я издавал цветной журнал под названием «The Korean American Life» (Корейско-американская жизнь) каждый месяц на корейском и английском языках. Мне приходилось писать некоторые статьи на корейском языке для тех, кто не владеет английским, а другие - на английском, особенно для корейских американцев второго поколения.

Я тратил не менее 50 000 долларов каждый месяц на издание цветного журнала «The Korean-American Life» и распространение большого количества экземпляров среди многих американских корейцев, проживающих в крупных городах США, где находились филиалы ICT.

Когда я посещал филиалы ICT, я намеренно старался встретиться с корейцами и представителями их бизнеса. В то же время я старался найти тех американцев корейского происхождения, которые успешно участвовали в американском мейнстриме, и опубликовать их истории успеха в журнале «Korean-America Life».

Одновременно я организовал ежегодный банкет по случаю вручения премии «Американский мейнстрим», чтобы выбрать и отметить тех корейцев, которые были

наиболее успешны в каждой из следующих областей: Политика, Бизнес, Образование, Журналистика, Спорт и Общественные услуги. Каждый год я также выбирал самого выдающегося корейского американца среди награжденных и присуждал ему премию «Корейский американец года».

Первым лауреатом премии «Корейский американец года» в 1990 году стал г-н Джей Чанджун Ким, первый американский конгрессмен корейского происхождения, который был избран членом Палаты представителей США от 41-го округа в Калифорнии. Когда я брал у него интервью до его избрания конгрессменом, я узнал, что он был первым американцем корейского происхождения, который был «избран официально» - мэром города Даймонд Бар, штат Калифорния. Поэтому я напечатал статью о мэре Киме в журнале «Korean American Life» с его фотографией на обложке. Через два года он был избран конгрессменом.

## 6.15 Учреждение компании OmniBio Secure, Inc.

В 2000 году я основал компанию OmniBio Secure, Inc. в качестве компании по исследованиям и разработкам, одновременно управляя International Computers & Telecom, Inc. (ICT). Я был увлечен множественными биометрическими технологиями, использующими отпечатки пальцев, программные алгоритмы радужной оболочки глаза, в качестве средства идентификации личности. Я был заинтересован в применении современных программных технологий для разработки систем безопасности при идентификации отдельных людей в аэропортах и на пунктах охраны.

Технология отпечатков пальцев доступна для идентификации человека уже давно, но когда используемые отпечатки пальцев изнашиваются или загрязняются, алгоритм идентификации может иметь внутренние проблемы. Однако алгоритмы идентификации по радужной оболочке глаза более надежны, но все еще не на 100% совершенны.

Я пришел к выводу, что не существует ни одной биометрической технологии, способной обеспечить идеальную идентификацию со 100% точностью. Однако, когда две или более технологий используются вместе, они могут обеспечить 100% точность идентификации человека. По этой причине я попытался использовать две технологии для OmniBio Secure, Inc.: технологии распознавания отпечатков пальцев и радужной оболочки глаза. Именно поэтому я использовал слово «OmniBio» для обозначения нескольких биометрических технологий.

Поскольку для биометрической технологии требовалось множество программных алгоритмов распознавания образов, компании OmniBio необходимо было нанять несколько инженеров по разработке и тестированию программного обеспечения. Вместо того чтобы нанимать таких инженеров, я решил приобрести существующую компанию по разработке биометрического программного обеспечения через общенациональные компании по слиянию и поглощению, чтобы сэкономить время и деньги на научно-исследовательскую работу и обучение вновь нанятых инженеров. В результате несколько компаний, занимающихся слияниями и поглощениями, связались со мной.

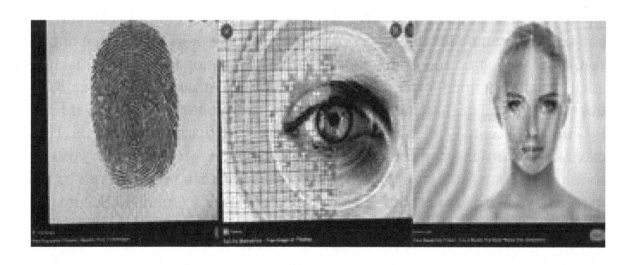

### 6.16 Продажа компании International Computers & Telecom, Inc. (ICT)

Хотя ICT успешно развивалась как международная корпорация в области информационных технологий и строительства аэропортов со многими отечественными и зарубежными дочерними компаниями и филиалами, я был воодушевлен новым будущим OmniBio Secure, основанной в 2000 году, в области «Глобальных систем безопасности».

11 сентября 2001 года, через год после основания OmniBio Secure, Inc. произошла террористическая атака. Поскольку после терактов 11 сентября глобальный терроризм рос в геометрической прогрессии, правительство США стало уделять особое внимание национальной безопасности, создав Министерство внутренней безопасности в качестве нового федерального агентства.

Я хотел развивать OmniBio Secure, Inc., чтобы она отвечала глобальному вызову как одна из выдающихся антитеррористических компаний. Работая над строительством Международного аэропорта Инчхон (МАИ) в качестве генерального подрядчика, я многое узнал о развитии систем безопасности, особенно безопасности на основе биометрических технологий. Я хотел применить биометрические технологии в OmniBio Secure для разработки систем безопасности.

Чтобы сэкономить время и затраты на научно-исследовательские работы и рабочую силу, я нанял несколько компаний по слияниям и поглощениям (M&A), чтобы приобрести компанию, специализирующуюся на разработке биометрического программного обеспечения для OmniBio Secure. Однако произошло нечто странное. После того как M&A-компании узнали, что ICT была очень успешной компанией, специализирующейся на международных ИТ и строительстве аэропортов, они захотели, чтобы я продал ICT другим корпорациям с очень привлекательными предложениями. Это подтолкнуло меня к продаже ICT, потому что мне было нелегко одновременно успешно управлять и ICT, и OmniBio Secure с точки зрения трудовых и накладных расходов. Поскольку ICT имела ряд отечественных и зарубежных дочерних компаний и филиалов, мне приходилось много путешествовать внутри страны и за рубежом, что ограничивало мое внимание к OmniBio Secure.

После тщательных размышлений я был больше заинтересован в развитии OmniBio Secure. В результате в 2004 году я продал ICT и сосредоточился только на OmniBio Secure, Inc.

## 6.17 Акцент на важности глобальной безопасности после террористических атак 11 сентября 2001 года

Компания OmniBio Secure сосредоточилась на разработке глобальных систем безопасности на основе множества биометрических технологий, особенно на основе технологий распознавания отпечатков пальцев, радужной оболочки глаза и лица, поскольку не только правительство США, но и другие страны уделяют большое внимание глобальной безопасности, особенно аэропорты. Некоторые люди говорили, что я основал компанию OmniBio Secure, Inc. потому, что у меня было предвидение.

Однако, насколько мне было известно, Бог побудил меня сделать это в соответствии со Своим планом и руководством для меня (Иеремия 29:11 и Притчи Соломона 16:9).

Я нанял несколько менеджеров для разработки систем и продолжил поиск компаний, занимающихся разработкой биометрического программного обеспечения. Что касается технологий отпечатков пальцев, то в Корее производились более совершенные продукты для отпечатков пальцев. Поэтому я был заинтересован в приобретении компании в Корее. Однако сделка не увенчалась успехом даже после того, как я потратил много времени и денег на поездку в Корею.

## 6.18 Уход из бизнеса в целях получения докторской степени для достижения моей первоначальной американской мечты, о которой я мечтал в Корее

После продажи ICT в 2004 году я попытался сосредоточиться на расширении деятельности компании OmniBio Secure, Inc. по применению в сфере безопасности. Я несколько раз ездил в Корею, чтобы приобрести компанию по производству отпечатков пальцев, но окончательная сделка не состоялась. Многие мои друзья и коллеги хвалили меня за успешный бизнес, особенно за проектирование и строительство международного аэропорта Инчхон, который был признан лучшим международным аэропортом по версии Airports Council International.

Большинство моих друзей и коллег называли меня «доктор Сон» или «доктор Дэвид», в основном потому, что я говорил им, что хочу уехать в Америку, чтобы получить докторскую степень, стать профессором и заниматься глобальным образованием. Другими словами, все они предполагали, что я получил докторскую степень. Каждый раз, когда они называли меня доктором Соном или доктором Дэвидом, мне приходилось говорить им: «Эй, я не доктор Сон. Зовите меня просто мистер Сон или мистер Дэвид», причем довольно грубым тоном.

Я вспоминал и стыдился себя за то, что не получил докторскую степень, которую планировал получить, когда мечтал об американской мечте в 1968 году. В действительности мне не понадобилось получать докторскую степень после того, как я получил степень магистра компьютерной инженерии в Ратгерском университете штата Нью-Джерси в 1972 году. Как только я получил степень магистра в области компьютерной инженерии, я получил множество привлекательных предложений о работе от ряда крупных компьютерных компаний не только потому, что Университет Рутгерса был одним из лучших учебных заведений в области компьютерной инженерии, но и потому, что у меня был богатый практический опыт работы и знания в области компьютеров и систем связи СВ армии США, полученные в Школе связи СВ армии США и в армии Кореи.

С Божьего благословения я был чрезвычайно успешен в бизнесе, и моя семья была финансово обеспеченной, но я пришел к выводу, что не смог достичь первоначальной американской мечты, о которой мечтал в Корее, главным образом потому, что не получил докторскую степень, которая была одним из этапов, установленных для моей американской мечты.

Поэтому я решил получить докторскую степень в одном из университетов Америки. Я хотел получить степень доктора делового администрирования (ДБА), доктора юриспруденции (ДЮ) или доктора христианского образования (ДХО). ДБА и ДЮ заинтересовали меня, потому что они были связаны с лидерством и управлением в бизнесе. Меня также интересовало ДХО, потому что я знал, что у Бога есть план для меня и Он вел меня всю мою жизнь.

Я обратился в Ратгерский университет и Гарвардский университет, в которых я учился в прошлом для получения степени ДБА и ДЮ, а также в Принстон для получения степени ДХО. Однако все они требовали, чтобы я был студентом дневного отделения в течение как минимум 2-4 лет. Это стало камнем преткновения для моего стремления получить докторскую степень не только потому, что я не мог быть студентом дневного отделения, одновременно работая в OmniBio Secure, Inc., но и потому, что я не хотел отрываться от семьи и жить в общежитии университета в Нью-Брансуике, Бостоне или Принстоне.

Пока я колебался с выбором предмета и учебного заведения, мне позвонил сотрудник приемной комиссии Университета Феникса (УФ) и предложил мне получить докторскую степень со 100% курсовой работой по докторской программе, выполняемой в режиме онлайн. Он также пытался убедить меня в том, что программа УФ «Доктор менеджмента в области организационного лидерства» известна как лучшая в Америке. Он подчеркнул, что докторская программа делает акцент как на лидерстве, так и на управлении для всех организаций, государственных или частных. В этом смысле эта программа отличалась от ДБА, которая делает акцент только на бизнесе.

Меня также познакомили с научным руководителем докторской программы, который был заинтересован в исследованиях систем безопасности на основе биометрических технологий, таких как отпечатки пальцев и распознавание радужной оболочки глаза. Я начал больше интересоваться получением степени доктора в УФ, чем ДБА в Гарвардском университете или Ратгерском университете, не только потому, что я мог завершить все свои курсовые работы через интернет, живя у себя дома, но и потому, что доктор менеджмента УФ по организационному лидерству более широкий спектр лидерства и управления для всех типов организаций, включая государственные, частные, будь то коммерческие/бизнес или некоммерческие организации.

У меня был дополнительный интерес в получении докторской программы в УФ, потому что я хотел разработать онлайн-инструменты, такие как устройство для мыши и веб-камера, основанные на биометрических технологиях, таких как отпечатки пальцев для мыши и распознавание радужной оболочки глаза/лица для веб-камер. Известно, что в онлайн-образовании часто сложно поймать фальшивые личности, и я хотел изобрести мышь на основе технологий отпечатков пальцев и веб-камеры на основе технологий радужной оболочки глаза, чтобы обеспечить стопроцентную идентификацию.

Поскольку я был больше настроен на получение докторской степени, чтобы достичь американской мечты, о которой мечтал в Корее, чем на управление компанией OmniBio Secure, Inc., которая имела большой потенциал для успеха, я решил отойти не только от управления OmniBio Secure, но и от всех аспектов бизнеса. Другими словами, я хотел продолжить учебу на очном отделении для получения докторской степени. Сотрудники OmniBio Secure не поняли моего решения уйти из бизнеса, поскольку я не сказал им, что планировал получить докторскую степень и что чувствовал себя оскорбленным и смущенным, когда друзья и коллеги в Корее называли меня «доктор Сон».

# Глава 7
**В погоне за 9-м этапом для достижения моего жизненного видения Этап 9. Благодаря Богу я смог осуществить американскую мечту в Америке и реализовать задуманное**

### 7.1 Божье целенаправленное «отклонение от маршрута» для меня

Бог щедро благословил меня, мою семью и бизнес. Компания ICT процветала благодаря множеству заключенных внутренних и зарубежных контрактов. Одним из самых крупных контрактов был контракт на проектирование и строительство международного аэропорта Инчхон от правительства Кореи. Компания ICT была оборонным подрядчиком, получив множество контрактов от армии, флота, ВВС и морской пехоты США. Поэтому мы с женой не могли делать инвестиции за пределами нашего основного резидентства из-за тогдашней политики правительства. Поэтому мы решили увеличить стоимость нашего основного места жительства, купив дом с участком в два акра в Потомаке, штат Массачусетс.

Мы благодарим Бога за то, что Он дал нам возможность жить в таком большом и красивом доме. С 1968 года, когда я приехал в США в качестве студента категории F-1, имея в кармане всего 100 долларов, Бог помог мне не только успешно получить степень магистра компьютерной инженерии в Ратгерском университете, но и основать и успешно и прибыльно управлять компанией International Computers& Telecom, Inc. (ICT).

В то время как многие сотрудники ICT работали в Корее над управлением строительством международного аэропорта Инчхон (МАИ), многие сотрудники как корейского правительства, так и Global Tech, Ltd, дочерней компании ICT, приехали в Вашингтон, округ Колумбия, для изучения аэропортов на Восточном побережье Америки и останавливались в нашем доме в Потомаке, штат Массачусетс, на несколько недель. Кроме того, мы открыли наш дом для церковного хора для исполнения госпел-музыки и больших групп представителей деловых и частных организаций для проведения различных встреч.

Работая в ICT, мне приходилось посещать множество филиалов на Восточном побережье. Иногда мне приходилось ездить на большие расстояния. Каждый раз, когда я проезжал большое расстояние, я понимал, что личная безопасность очень важна. Поэтому я купил и много лет ездил на большом седане Cadillac, который был известен своей безопасностью. Когда Cadillac стал слишком старым, я искал несколько разных моделей, чтобы заменить старый Cadillac. Однажды ко мне подошел продавец Mercedes-Benz и пошутил со мной о безопасности. Продавец предложил мне бесплатно провести тест-драйв совершенно нового Mercedes-Benz 600 в течение одного месяца.

Когда я подчеркнул важность безопасности, он добавил шутку о безопасности: «Если вы водите Benz 600, вам вообще не нужно беспокоиться о безопасности. Например, ваш Benz 600 будет в безопасности, даже если ваша машина случайно врежется в Cadillac, потому что вы выживете в Benz 600 без каких-либо повреждений для Benz 600».

Проездив на Benz 600 месяц, я влюбился в него и решил оставить машину, потому что был убежден, что Benz 600 безопаснее...

Я поблагодарил Бога за благословение моей семьи и бизнеса и за то, что Он дал мне мужество и уверенность в том, что я могу сделать *все* с Божьим благословением. Поэтому я поменял номерной знак автомобиля Benz 600 на «**PHIL 413**», что означает мой любимый стих из Библии, **Филиппийцам 4:13**: *«Все могу в укрепляющем меня Иисусе Христе»*.

Некоторые люди, увидев номерной знак моего Benz 600 с надписью «PHIL 413», останавливались и спрашивали меня, христианин ли я. Некоторые другие люди сказали мне, что они знают стих из Библии, Филиппийцам 4:13. Я ответил им: *«Аминь! Мои собратья христиане!»* Я также чувствовал, что если бы я не ехал на Benz 600, то они могли бы не заметить номерной знак с «PHIL 413» и не подойти ко мне, сказав, что знают стих из Библии, Филиппийцам 4:13. Поэтому я воздал хвалу Богу и от всего сердца поблагодарил Его за то, что Он благословил меня, мою семью и бизнес. Бог также напомнил мне, что я должен использовать Его благословения, такие как шикарный автомобиль Benz 600, для распространения Евангелия. Поэтому я часто вызывался спросить у некоторых нехристиан, что означает PHIL 413.

Хотя я чувствовал себя очень успешным и финансово очень обеспеченным, я спрашивал себя, достиг ли я своей американской мечты, о которой мечтал в Корее в 1968 году. Мне также вспомнились оскорбительные шутки моих друзей в Корее, которые называли меня «доктор Сон или доктор Дэвид», хотя у меня не было докторской степени.

Я также вспомнил о своей жизненной перспективе, вытекающей из Божьего плана для меня (Иеремия 29:11). Для того чтобы я смог реализовать свои жизненные перспективы, я должен сначала достичь своей американской мечты. Бог мог побудить моих друзей в Корее намеренно называть меня «доктор Сон или доктор Дэвид» вместо «мистер Сон или Дэвид», чтобы напомнить мне о том, что я не получил докторскую степень и профессорскую должность, которые я планировал как часть курса для достижения своей американской мечты.

Другими словами, Бог направил меня сначала на приобретение всех навыков лидерства и управления, помогая мне основать и успешно управлять компаниями International Computers & Telecom, Inc. и OmniBio Secure, Inc. до того, как я получил докторскую степень и стал профессором.

Другими словами, Бог направил меня, чтобы я приобрел опыт основания ИТ-компании, имея всего 1000 долларов, и ее роста до крупной международной компании в области ИТ и строительства аэропортов со множеством дочерних компаний и филиалов в ряде зарубежных стран Азии, Европы, Африки и Австралии, а также в Америке.

В то же время мне вспомнились стихи из Библии, в которых Бог благословляет людей разными способами, но Он не дает нам все заранее. Например, Он мог бы дать всем нам **Вечную жизнь**, как только мы родились в этом мире. Однако Он дает нам Вечную жизнь при условии, что **мы добровольно уверуем в Иисуса Христа (Иоанна 3:16).** Другими словами, Бог хочет, чтобы мы сначала узнали об Иисусе Христе и уверовали в Него как в своего Господа и Спасителя.

По такому же принципу Бог хотел, чтобы я узнал и получил все квалификации, необходимые для способного обладателя докторской степени, прежде чем я буду стремиться получить докторскую степень.

Получив степень магистра в области компьютерной инженерии, я мог бы продолжить обучение для получения докторской степени. Однако Бог снабдил меня не только финансовым богатством, но и широким спектром навыков и опыта в руководстве и управлении (Притчи Соломона 16:9).

Понимая все это, я считал, что для того, чтобы осуществить свою американскую мечту, о которой я мечтал в Корее, мне придется получить докторскую степень, а также работать в Америке в качестве опытного профессора.

## 7.2 Получение докторской степени «Доктор управления в области организационного лидерства».

Получив степень магистра в области компьютерной инженерии в Ратгерском университете штата Нью-Джерси в 1972 году, я не стал продолжать обучение в докторантуре не только потому, что у меня уже была хорошая работа со степенью магистра с очень привлекательной годовой зарплатой, но и потому, что многие обладатели докторской степени не могли найти работу из-за нефтяного кризиса 1970-х годов.

После того как в 1981 году я основал компанию International Computers & Telecom, Inc. (ICT), компания стала одной из самых успешных международных компаний в области (1) ИТ-систем, (2) систем охраны и безопасности аэропортов и (3) строительства международных аэропортов. По этой причине мне не нужна была докторская степень.

Кроме того, я не хотел быть постоянным докторантом, поскольку был слишком занят для ICT, которая развивалась очень успешно.

Однако чем больше я чувствовал, что добился успеха, тем больше мне приходилось благодарить Бога за Его план для меня, а именно за мое видение и пройденные этапы. Все, что мы делаем, основывается на трех факторах: (1) цель, (2) план и (3) этапы (ЦПЭ), как бы легко это ни было. Эти три шага основаны на Божьей Цели, Планах и Этапах. Другими словами, у Бога есть (1) цель - прославить Себя, создав человека (Исаия 47:3), (2) планы - процветать нам и не вредить, планы - дать нам надежду и будущее (Иеремия 29:11), и (3) руководство нашими шагами для успешного выполнения Его плана (Притчи Соломона 16:3).

С запозданием я понял, что получить докторскую степень и стать всемирно известным профессором важнее, чем заниматься бизнесом до конца жизни. Поэтому я отошел от всех дел, включая управление ICT и OmniBio Secure, Inc, которые имели большой потенциал для успеха.

Для получения докторской степени я окончательно решил получить степень доктора управления в области организационного лидерства в Университете Феникса (УФ), в то время как я рассматривал возможность получения степени ДБА в Гарвардской школе бизнеса, где я посещал программу УСР в течение 3 лет, и в Ратгерском университете, где я получил степень магистра в области компьютерной инженерии.

Среди прочих причин, мне не нужно было быть студентом дневного отделения, живущим в общежитии в Бостоне или Нью-Брансуике, поскольку я проходил все курсы онлайн в УФ, и я был заинтересован в производстве компьютерных мышей и веб-камер на основе биотехнологий, таких как отпечатки пальцев, радужная оболочка глаза и распознавание лиц для онлайн-образования, в попытке предотвратить любое мошенничество в Интернете. Я много узнал о системах безопасности на основе отпечатков пальцев, радужной оболочки глаза и распознавания лиц, пока руководил компанией OmniBio Secure, Inc.

В то время онлайн-образование пользовалось некоторой «дурной славой», в основном потому, что экзаменационные работы готовились и сдавались не зарегистрированным студентом, а кем-то другим. Если бы такие биометрические мыши и веб-камеры использовались для онлайн-занятий, ни один зарегистрированный студент не осмелился бы списывать.

Я выполнил все необходимые курсовые работы на 100% онлайн, живя у себя дома в Потомаке, штат Массачусетс. Однако я должен был продолжить свои исследования в УФ в Фениксе, АЗ. Моя область исследования заключалась в разработке системы национальной безопасности на основе биометрических технологий, поэтому для своей диссертации я провел обширное исследование, используя студентов и сотрудников двух крупных общественных колледжей в Лос-Анджелесе.

Поскольку в опросе было использовано 1220 образцов, мое исследование было высоко оценено факультетом оценки диссертаций УФ. Я провел много дней, оставаясь в Лос-Анджелесе, чтобы провести свое исследование.

В 2005 году я получил степень доктора управления в области организационного лидерства. Во время вручения диплома я получил награду «Лучший студент года», не только потому, что было собрано и использовано значительное количество исследовательских образцов, но и потому, что тема исследования в области национальной безопасности на основе современных биометрических технологий получила признание во всех академических и профессиональных областях.

### 7.3 Докторская диссертация: «Анализ «добровольного национального биометрического идентификатора как средства предотвращения мошенничества с личными данными»»

Мошенничество с идентификационными данными стало серьезной проблемой в связи с глобальным терроризмом. Террористы 11 сентября в США получили водительские права обманным путем и успешно сели на самолет, что привело к провалу Террористических атак 11 сентября.

После провала террористических атак 9/11 было выдвинуто предложение о внедрении биометрических технологий и персональных идентификационных карт для предотвращения использования террористами поддельных идентификационных документов и средств. Целью данного стратегического исследования было изучить факторы, мотивирующие население использовать добровольные национальные биометрические идентификационные карты (NBIC) в качестве более надежного и безопасного средства для предотвращения мошенничества с личными данными.

Исследовательская выборка, которую я использовал, состояла из 1 220 студентов, преподавателей и сотрудников двух крупных муниципальных колледжей в Калифорнии. Результаты опроса показали, что население будет добровольно использовать NBIC, если пользователям NBIC будут предоставлены определенные стимулы.

В конце 2007 года я наконец-то заявил себе, что достиг своей американской мечты, о которой мечтал в Корее в 1968 году: американской мечты получить докторскую степень в Америке и стать всемирно известным профессором, преподающим не только во многих американских городах, но и в Китае и Корее.

Бог привел меня к самому важному этапу в исполнении «Божьего плана для меня», то есть к достижению моей американской мечты (Притчи Соломона 16:9). Бог заставил меня изучать лидерство и управление через практический опыт работы в компании ICT. В результате я получил докторскую степень и стал очень достойным профессором.

***Подводя итог вышесказанному***, к счастью, хотя и «через целенаправленный обходной путь», Бог привел меня к успешному достижению моей Американской мечты в качестве процесса подготовки к следующему этапу - Этапу 10, через который я смогу осуществить видение всей моей жизни, вытекающее из Божьего плана для меня.

# Глава 8
**Достижение моего жизненного видения в соответствии с Божьим планом для меня**

**Этап 10: Благодаря Богу я достиг Божьего плана, который был создан для меня, познал свое жизненное видение, основал и успешно управляю университетом IGlobal**

### 8.1 «Божий план для меня», Мое жизненное видение

После того как Бог создал меня (Бытие 1:27) с целью прославить Себя (Исаия 43:7), Он усыновил меня через Иисуса Христа как Своего сына (Ефесянам 1:5).

Даже когда я шел по неправильному пути, Бог направлял меня на правильный путь (Притчи Соломона 16:9), так что я достиг этапов, которые помогли мне достичь своего жизненного видения в соответствии с «Божьим планом для меня».

В 1968 году я впервые открыл для себя «Божий план для меня» и определил его как свое видение на всю жизнь. Я уехал в Соединенные Штаты, чтобы осуществить Его план для меня, а именно мое видение всей жизни. В результате изучения всех факторов, связанных с моей прошлой жизнью, талантов, данных мне, а также моих усердных молитв, я интерпретировал «Божий план для меня» как свое собственное видение. А именно, Бог хочет, чтобы я **преобразовал мир, предоставляя самое инновационное, эффективное и доступное образование всем людям во всем мире, особенно тем, кто находится в *неблагоприятном финансовом, физическом и/или социальном положении*».** Я определил это как свое видение на всю жизнь и 10 этапов для достижения своего жизненного видения

Бог наметил и помог мне пройти первые 7 этапов в Корее. Также Бог помог мне успешно достичь этапов 8 и 9 в соответствии с Притчами Соломона 16:9. Что касается 10-го этапа, я верил, что Бог приведет меня к достижению моего жизненного видения, основанного на «Божьем плане для меня». Для того, чтобы достичь своей жизненной перспективы, я основал Университет IGlobal, чтобы *преобразовать мир, предоставляя самое инновационное, эффективное и доступное образование всем студентам по всему миру, особенно тем, кто не имеет достаточного финансового, физического и/или социального достатка, используя формы обучения в кампусе и онлайн.*

Мой первоначальный план, намеченный в Корее в 1968 году, состоял в том, чтобы вернуться в Корею после осуществления американской мечты и заняться глобальным образованием в Корее, но Бог побудил меня заняться глобальным образованием в США, чтобы обучать иностранных студентов, включая корейцев в Америке и Корее (Притчи Соломона 16:9). В любом случае, Бог расширил мое первоначальное образование, начатое в Корее в 1968 году, до «глобального образования», чтобы привлечь всех людей, включая корейцев в Америке и Корее.

## 8.2 Создание и деятельность университета IGlobal (IGU)

После ухода из бизнеса и получения степени доктора менеджмента в области организационного лидерства я преподавал курсы для студентов и аспирантов в нескольких университетах Америки в качестве очного и онлайн-профессора. Позже меня пригласили преподавать курсы менеджмента в корейском университете Handong Global University. Мы с женой планировали переехать в Корею, чтобы прожить там от трех до пяти лет. Однако я решил не ехать в Корею из-за проблем со здоровьем, учитывая тот факт, что Handong Global University находился в сельской местности, где не было близлежащих медицинских учреждений. К счастью, мой врач разрешил мне продолжить преподавание в США.

В 2007 году я разработал курс для бакалавров под названием «Информационные технологии для делового администрирования» в Вашингтонском баптистском университете (ВБУ) в Вирджинии, а затем в течение семестра преподавал этот курс в университетском городке. В то же время ректор ВБУ, который хорошо знал мою биографию, попросил меня представить комплексное предложение о том, чтобы его университет начал предлагать онлайн-программы, как ряд университетов в Америке, включая University of Phoenix и Liberty University в Линчбурге, штат Вирджиния. Ректор ВБУ попросил меня тщательно изучить онлайн-программы, предлагаемые Liberty University, с точки зрения набора студентов, преподавания программ онлайн и получения доходов, поскольку известно, что Liberty University очень успешно увеличивает общее количество студентов и общий доход благодаря онлайн-программам.

Для подготовки данного предложения я посетил Liberty University, чтобы перенять все выгодные модели и особенности моего предложения для представления ректору ВБУ. Я подготовил и представил ректору и вице-ректору ВБУ очень подробное предложение, потратив много своего личного времени и усилий, а также свои собственные деньги.

Кроме того, мое предложение включало план бесплатного предоставления 30 компьютеров для онлайн студентов ВБУ.

Ректор ВБУ высоко оценил и одобрил мое предложение, поэтому я планировал пожертвовать ВБУ 50 000 долларов в декабре 2007 года, чтобы помочь успешному запуску онлайновых программ в ВБУ. Однако мое предложение было отклонено по неизвестным причинам. В то время я подумал и сказал себе: «Если бы я сам владел университетом, я мог бы реализовать свои собственные великие идеи, чтобы сделать университет успешным».

1 января 2008 года, пытаясь принять новогоднее решение, я впервые помолился: «Дорогой Бог, я изначально планировал основать университет в Корее, но сейчас я бы основал университет в США, потому что у меня есть отличная идея запустить программы как в кампусе, так и онлайн. Пожалуйста, помоги мне основать свой университет в Вирджинии, зная, что я получил докторскую степень и большой опыт преподавания в качестве профессора онлайн и в кампусе, а также что я приобрел большой опыт управления малыми и большими корпорациями, приобретенный через International Computers & Telecom, Inc. и OmniBio Secure, Inc.»

Наконец, Бог ответил на мои молитвы. В 2008 году я принял «новогоднее решение» основать университет IGlobal в Вирджинии. Я хотел использовать два слова «глобальный» и «университет» для названия университета. Так, мне понравилось слово «IGlobal», обозначающее «Инновационный глобальный университет».

Кроме того, буква «I» может быть инициалом Интернета или Иммануила, а также слова «Инновационный». В качестве первого шага я нанял нескольких художников для разработки логотипа университета IGlobal, который выглядит следующим образом:

### 8.3. Университет IGlobal сертифицирован Государственным советом по высшему образованию штата Вирджиния (SCHEV)

Вознося молитвы к Богу, я не сидел сложа руки, а смог зарегистрировать университет IGlobal как «IGlobal University, LLC» в Комиссии по корпорациям штата Вирджиния (VSCC). 4 февраля 2008 года Государственный совет по высшему образованию штата Вирджиния (SCHEV) выдал университету IGlobal сертификат на получение степени бакалавра и магистра и сертификатов в области информационных технологий и делового администрирования, христианских исследований и программ здравоохранения. Но программа христианских исследований и программа здоровья были отменены, хотя они были включены в мои первоначальные заявки.

### 8.4 Философия основания университета IGlobal (IGU)

Так как университет IGlobal (IGU) был основан с целью реализации «Божьего плана для меня», философия основания университета IGlobal основана на моем жизненном видении, вытекающем из Божьего плана для меня. Поэтому заявление о видении IGU было сформулировано так же, как и видение моей жизни.

Я хотел, чтобы IGU отличался от традиционных университетов, которые обычно принимают на обучение многих состоятельных студентов. Я хотел, чтобы IGU внес свой вклад в *преобразование мира, предоставляя самое инновационное, эффективное и доступное образование в кампусе и онлайн не только американским студентам, но и всем людям по всему миру, включая корейских студентов, особенно тем, кто находится в неблагоприятном финансовом, физическом и/или социальном положении*.

### 8.4.1 Принципы деятельности

Руководствуясь основополагающей философией университета IGU, я установил следующие принципы работы:

➢ Законность и соответствие

Университет IGU должен соблюдать все федеральные, государственные и местные правительственные законы и постановления во всех аспектах деятельности, включая равные возможности в сфере образования и трудоустройства без какой-либо дискриминации по признаку пола, расы, национального происхождения, религии, возраста, семейного положения или инвалидности.

➢ Этичность

Помимо юридических аспектов деятельности, университет IGU соблюдает все этические нормы.

➢ Профессионализм

Университет IGU соблюдает стандарты профессиональной деятельности.

➢ Гуманность и сострадание

Университет IGU прилагает усилия для поддержки студентов, находящихся в неблагоприятном финансовом, физическом и/или социальном положении.

### 8.4.2 Концепция университета IGU

«Университет IGlobal ставит своей целью преобразование мира путем предоставления самого инновационного, эффективного и доступного образования всем людям во всем мире, будь то молодые или пожилые, богатые или бедные, имеющие или не имеющие привилегии в финансовом, физическом и/или социальном плане, на базе кампуса и в режиме онлайн».

### 8.4.3 Миссия университета IGU

Миссия университета IGU заключается в предоставлении карьерного образования широкому кругу студентов на основе академического, инновационного и прагматического подхода для решения и преодоления новых глобальных проблем посредством достижения следующих целей:

✓ Разработка программ, направленных на развитие карьеры, и учебной практики;

✓ Обеспечение практического обучения через обязательную учебную практику; и

✓ Предоставление студентам постоянных услуг по профессиональному развитию

### 8.4.4 Цели организации

Для того, чтобы реализовать свою миссию, IGU установил следующие стратегические цели:

✓ Достижение академического превосходства в образовании, ориентированном на профессиональное развитие.

✓ Достижение финансовой устойчивости и стабильности за счет эффективного и

✓ Успешное ведение глобальной деятельности по расширению и росту.

### 8.4.5 Задачи организации

Для достижения стратегических задач, университет IGU поставил перед собой следующие цели, делая акцент на «академическом качестве»:

✓ Разработка соответствующей академической программы, ориентированной на профессиональное развитие.

✓ Достижение высоких показателей зачисления и удержания, а также трудоустройства благодаря удовлетворительным результатам обучения студентов и удовлетворенности выпускников и сотрудников.

✓ Установление тесных рабочих партнерских отношений со всеми заинтересованными сторонами, включая местных, национальных и международных лидеров сообщества.

### 8.4.6 Главные ценности

Внутреннее стремление университета IGU отражается в разнообразии образовательных программ, предлагаемых студентам по всему миру.

✓ Разнообразие: IGU приветствует студентов со всего мира и поощряет равное участие всех студентов.

✓ Непрерывное образование: IGU создает стимулы и способствует обучению и сохранению знаний на протяжении всей жизни посредством непрерывного образования.

✓ Позитивный дух: IGU пропагандирует честность и гармонию с гордостью и состраданием.

✓ Партнерское сотрудничество: IGU работает со всеми заинтересованными сторонами, включая студентов, преподавателей, сотрудников и граждан сообщества.

✓ Обеспечение эффективного образования: Образовательные программы IGU рассчитаны на студентов, стремящихся преуспеть в различных специальностях, а образовательные услуги предоставляются в основном на базе главного кампуса и будущих филиалов.

### 8.4.7 Академические задачи

Для выполнения своей миссии, университет IGU стремится к достижению следующих образовательных целей:

✓ Выпускники накапливают основные и важные знания для продуктивной работы в обществе.

✓ Выпускники эффективно интегрируют административные и управленческие навыки для удовлетворения потребностей разнообразного делового сообщества.

✓ Выпускники применяют образовательные и практические бизнес-концепции и административные навыки в своих соответствующих сферах деятельности.

✓ Выпускники продолжают самонаправленное обучение в течение всей жизни в соответствии с ведущими деловыми операциями.

✓ Выпускники демонстрируют компетентные навыки общения в области

управления человеческими ресурсами на рабочем месте.

✓ Выпускники демонстрируют соответствующие общие знания и специализированные навыки, связанные с продвижением по службе и лидерскими ролями и работой в команде в условиях все более разносторонней экономики.

✓ Выпускники демонстрируют компетентность и понимание в функциональных областях работы и широкие знания в конкретных областях обучения.

## 8.5 Аккредитация университет IGU Советом по аккредитации независимых колледжей и университетов, Национальной аккредитационной организацией, сертифицированной Министерством образования США в 2019 году

Я очень хотел, чтобы университет IGU мог принимать студентов со всего мира, но поначалу я не знал, что для приема иностранных студентов (F-1) IGU должен быть аккредитован. Поэтому я обратился в Аккредитационный совет независимых колледжей и университетов (ACICS), национальную аккредитационную организацию, сертифицированную Министерством образования США.

Для получения аккредитации университет IGU должен (1) функционировать не менее двух лет, (2) иметь не менее 7 выпускников по каждой программе, и (3) для получения первичной аккредитации необходимо наличие не менее 10 студентов, принятых на момент проведения первичной сертификации ACICS. Я думал об этом как о своего рода «ситуации на тему «Что важнее?»». Для того чтобы IGU получил сертификат ACICS в максимально короткие сроки, я решил сократить текущие академические программы *до одной программы*, программы магистратуры делового администрирования из нескольких программ бакалавриата и магистратуры, чтобы соответствовать критериям аккредитации.

Я выбрал программу магистратуры делового администрирования (MBA) для подачи заявки на сертификацию ACICS, потому что программа MBA является самой известной программой во всем мире и краткосрочной программой (около 2 лет). В результате стратегической подготовки к аккредитации ACICS аккредитовал университет IGU по программе MBA в 2012 году. Также IGU подал заявку на участие в Программе для студентов по обмену (Student and Exchange Visitor Program) в Министерстве внутренней безопасности США, чтобы университет IGU мог принимать иностранных студентов (F-1).

Позже IGU был аккредитован ACICS и сертифицирован на Программу для студентов по обмену, а также ряд дополнительных программ, таких как бакалавр делового администрирования (BBA), бакалавр наук в области информационных технологий (BSIT), магистр наук в области информационных технологий (MSIT), программы кибербезопасности и программы сертификации CompTIA для приема отечественных и иностранных студентов.

## 8.6 Академические программы изначально аккредитованные Министерством образования США

> **Магистр делового администрирования (MBA) Шесть специальностей:** 54 четвертных кредитных часа1)Лидерство и менеджмент

2)Бухгалтерский учет и финансы

3)Управление информационными технологиями

4)Управление здравоохранением

5)Управление человеческими ресурсами

6)Управление проектами

> **Бакалавр делового администрирования (BBA) Четыре специальности:** 180 четвертных кредитных часов1)Лидерство и менеджмент

2)Бухгалтерский учет и финансы

3)Управление человеческими ресурсами

4)Управление проектами

> **Магистр наук в области информационных технологий (MSIT) Три специальности:** 54 четвертных кредитных часа1)ИТ-системы и управление

2)Аналитика данных и управление

3)Разработка и управление программным обеспечением

> **Магистр наук в области кибербезопасности (MSCS): 54 четвертных кредитных часа**1)Кибербезопасность

2)Управление информацией предприятия

3)Программная инженерия

1)Сертификат CompTIA по сетевым технологиям

2)Сертификат CompTIA по безопасности

> **Бакалавр наук в области информационных технологий (BSIT)**
Три специальности: 180 четвертных кредитных часа:
> Программы сертификации CompTIA

**8.7 Сертификация для приема иностранных (F-1) студентов Министерством внутренней безопасности США**

Университет IGU был сертифицирован Министерством внутренней безопасности США по Программе для студентов по обмену для приема иностранных студентов (F-1).

IGU начал прием иностранных студентов на программы: Магистр делового администрирования, Бакалавр наук в области информационных технологий, Бакалавр делового администрирования и Английский язык для иностранцев с 2013 года.

**8.8 Прием граждан США и законных постоянных жителей в Федеральные программы помощи студентам (Раздел IV)**

Университет IGU получил сертификацию для приема граждан США и законных постоянных резидентов в рамках федеральных программ помощи студентам (Раздел IV), отнесенных к программам финансовой помощи для студентов послесреднего образования.

**8.9 Прием студентов по обмену по программе J-1, сертифицированной Государственным департаментом США**

Государственный департамент США назначил университет IGU спонсором программы по обмену студентами в соответствии с административными правилами Закона о взаимном образовании и культурном обмене 1961 года в рамках следующих утвержденных категорий:

Форма DS-2-19: профессора, научные сотрудники, специалисты, студенты, университеты/университеты DS- 2019

Распределение на первый год работы: 340

**8.10 Сертификация по обучению и подготовке участников службы ветеранов и членов их семей с соответствующими правами от Министерства по делам ветеранов США**

Департамент по делам ветеранов США (ДВ) сертифицировал университет IGU для предоставления образовательных льгот ветеранам, военнослужащим и членам их семей с такими потребностями, как оплата обучения в колледже, программа обучения и получение консультаций по вопросам профессиональной деятельности.

## 8.11 Утверждение межгосударственной программы онлайн-образования

Университет IGU получил разрешение на зачисление студентов из других штатов на онлайн образовательные программы IGU через Национальный совет по соглашениям о взаимной авторизации штатов (NC-SARA) для проведения онлайн курсов, под управлением Министерства образования США.

## 8.12 Новая аккредитация от ACCSC, национальной организацией по аккредитации

Университет IGU был аккредитован Аккредитационной комиссией школ и колледжей по вопросам профессиональной подготовки (ACCSC), сертифицирован Министерством образования США в 2018 году, поскольку университет расширяет свои академические программы.

IGU был аккредитован ACCSC для предоставления курса программы «Магистр по кибербезопасности» отечественным и иностранным студентам в очной и онлайн формах.

## 8.13 Главный кампус IGU

Университет IGU предлагает образовательные программы онлайн и на базе кампуса как городской кампус с главным корпусом в Вене, штат Вирджиния, в районе с тремя станциями метро, двумя крупными торговыми центрами и множеством крупных и мелких предприятий. Преподаватели, работающие в кампусе, участвуют в конференции факультета каждый квартал. Преподаватели, работающие в режиме онлайн, привлекаются со всех концов США для преподавания курсов виртуально, но они обязаны посещать конференции факультета в кампусе.

Сотрудники должны иметь степени бакалавра, магистра и доктора наук, а также три или более лет соответствующего практического опыта для работы в университете.

В 2016 году IGU выпустил 12 студентов из университета Kyung Sung в Корее, которым была предоставлена 100% стипендия.

### 8.14 Награда «Студент года»

Каждый год университет IGU награждает студентов каждой академической программы, выбранных на основе справедливой и тщательной рекомендации как преподавателей, так и сотрудников. Например, Бхаттараи С.К. (Шри) был удостоен награды «Студент года» по программе MBA в год выпуска. Шри, получивший степень Магистра делового администрирования, стал федеральным судьей в Непале, после возвращения в Непал.

**8.15 Университет IGU предоставляет учебную практическую подготовку и факультативную практическую подготовку**

Университет IGU известен как учебное заведение, которое обеспечивает не только лучшие академические программы с помощью самых квалифицированных преподавателей, но и практическую подготовку во время обучения в IGU и после его окончания.

В тесном сотрудничестве с работодателями IGU предоставляет нынешним студентам учебную практику, а выпускникам - факультативную программу практической подготовки.

**8.16 Продвижение культурного разнообразия**
**Празднование**

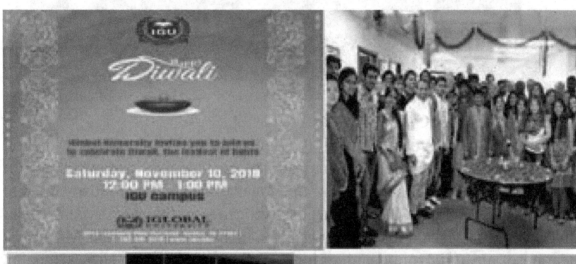

## Монгольские традиции и обычаи

## Празднование дней рождения студентов

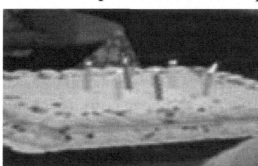

## Конкурс «Таланты университета IGU»

### 8.17 Публикация моих мемуаров «Божественные вехи» как средство привлечения студентов и косвенной миссии

Университет IGlobal (IGU) принимает, обучает и выпускает иностранных студентов из более чем 50 стран Азии, Африки, Европы и Латинской Америки, а также граждан США и постоянных жителей, проживающих в США, включая корейцев.

Моим жизненным видением, основанным на «Божьем плане для меня», было предоставление самого инновационного, эффективного и доступного образования всем людям во всем мире, особенно тем, кто находится в затруднительном финансовом, физическом и/или социальном положении. В 2016 году я написал мемуары под названием «Божественные вехи: глобальное видение за пределами американской мечты». Я презентовал свою книгу через Amazon.com, а также через другие издательства. Она также рекламировалась в социальных сетях, таких как Facebook. В результате многие студенты из зарубежных стран обратились ко мне, сказав, что прочитали мои мемуары, и попросили стипендии, ссылаясь на то, что они хотят учиться в IGU. Если они соответствовали требованиям для поступления в IGU, я старался предоставить им соответствующие стипендии. В результате IGU смог принять многих студентов из многих стран, особенно из Монголии, Казахстана, Индии, Вьетнама, Иордании, Нигерии, Ганы и др.

Среди студентов, обратившихся за стипендиями, были христиане, мусульмане и нерелигиозные студенты. Большинство из этих студентов были заинтригованы подзаголовком: «Глобальное видение за пределами американской мечты», который является историей моей жизни.

В 2016 году г-н Отгонбат Бархуу, основатель и президент Университета глобального лидерства (Global Leadership University - GLU) в Мон-

голии, узнал, что мы с ним выпускники Гарвардского университета. У нас были одинаковые цели и интересы: предоставление лучшего образования нашим студентам. Он посетил IGU, и мы заключили партнерское соглашение об обмене студентами.

Он просил много стипендий как условие направления выдающихся студентов в IGU. Он также предложил перевести и опубликовать на монгольском языке мою автобиографию «Божественные вехи». В результате многие отличники из Монголии поступили в IGU и окончили его.

В январе 2022 года я опубликовала *мемуары на корейском языке* под названием «**Мое видение и вехи**», добавив еще много фотографий к мемуарам 2016 года «Божественные вехи».

В марте 2022 года моя жена и мои друзья провели масштабную церемонию подписания книги в отеле в Тайсонс Корнер, штат Вирджиния, на которой присутствовало более 300 человек.

Многие приглашенные ораторы и рецензенты книг говорили обо мне, моей жене и моих мемуарах относительно хорошие слова и похвалы. Преподобный Юнг Юл Дэвид Рю, старший пастор Центральной корейской пресвитерианской церкви в Центрвилле, штат Вирджиния, не смог присутствовать на церемонии подписания книги, но он прислал записанную речь, чтобы президиум мог зачитать ее собравшимся. Позже я лично поблагодарил его за любезную речь.

Мои мемуары на корейском языке были опубликованы «Книгоиздательством Энергия счастья» в Корее. Г-н Сунбок Квон, генеральный директор компании-издателя, напечатал 5 000 экземпляров. Я подарил более 3 000 экземпляров многим государственным и частным организациям, включая Корейскую военную академию, которую я окончил, среднюю и начальную школы, которые я окончил. Кроме того, много экземпляров было подарено офицерам и солдатам армии, церквям, колледжам и библиотекам. В настоящее время моя книга продается во многих книжных магазинах Кореи.

Я получил множество благодарственных писем от многих организаций и людей, которые получили экземпляры моей книги. Мне были вручены следующие почётные значки: один - от генерал-лейтенанта Чан Гу Канга, президента Корейской военной академии, а другой - от генерал-лейтенанта Ун Тхэ Ео, соответственно.

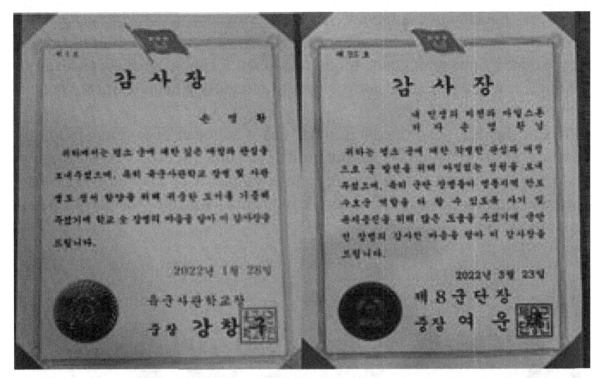

Мои мемуары на корейском языке до сих пор получают прекрасные отзывы. К моему удивлению, некоторые из читателей, которые еще не задумывались о том, чтобы установить ориентиры для своих видений, сказали, что они хотят установить ориентиры для своих видений на всю жизнь. И, что еще более радостно, несколько читателей, которые не являются христианами, хотят открыть для себя Божьи планы. Многие из читателей не знали о том, что я и моя компания International Computers & Telecom, Inc. спроектировали и построили международный аэропорт Инчхон с самого начала и до сдачи его в эксплуатацию.

Рецензии на эту книгу и моя биография доступны на корейском языке на таких сайтах, как www.naver.com и www.blog.naver.com.

### 8.18 Лекции, прочитанные в зарубежных колледжах и университетах с целью ознакомления с IGU, американской мечтой и Божьим планом для человека

Федеральная служба США ежегодно проводит различные мероприятия, такие как семинары, для привлечения иностранных студентов в Америку через посольства США за рубежом. Многие университеты США приглашаются для участия в семинарах. Во время моих визитов в Монголию, Индию, Казахстан, Вьетнам, Иорданию и Израиль многие университеты и средние школы с энтузиазмом приняли меня в качестве приглашенного лектора для выступления перед своими студентами на тему «Глобальное видение за пределами американской мечты». Я объяснил, что такое американская мечта, где я мечтал об американской мечте, как я определил свое видение жизни в глобальном образовании в Корее, и как я успешно достиг своего видения жизни и преодолел 10 этапов.

Я постарался особо подчеркнуть, как я основал IT-корпорацию под названием «International Computers & Telecom, Inc. (ICT)», достигнув одного из этапов, и как ICT выиграла крупный контракт на разработку и строительство международного аэропорта Инчхон (МАИ) у правительства Кореи.

Чтобы побудить студентов слушать мою лекцию более внимательно и сосредоточенно, я достаю 100-долларовую купюру США и начинаю лекцию после того, как говорю, что 100-долларовая купюра будет вручена первому студенту, который правильно ответит на мой вопрос после окончания лекции.

После того как я завершаю лекцию презентацией Power Point с большим количеством фотографий и видео, я задаю один или два простых вопроса, например, «В какой стране я впервые увидел американскую мечту?» и «Каким было мое видение жизни?». В зависимости от того, в какой стране я выступал, я старался не спрашивать, из какого стиха Библии я открыл свое видение всей жизни.

Многие студенты отвечали: «Я впервые увидел свою американскую мечту в Америке, а не в Корее». Далее я объяснил им: «Американская мечта - это глобальный лозунг, означающий, что независимо от того, в какой стране вы находитесь, «Если вы будете усердно работать, вы станете более успешными, чем были ваши родители». Затем я добавил, что хотя вы являетесь студентом в своей стране, вы можете мечтать об Американской мечте, пообещав себе, что если вы будете усердно работать, то сможете добиться успеха».

Я также спрашиваю их, каким было мое видение и как я нашел свое видение. Многие студенты правильно отвечают, что мое видение - это глобальное образование. Однако им трудно ответить, как я нашел свое видение, потому что я объяснил им, что нашел свое видение в стихах Библии (например, Иеремия 29:11 - Новая международная версия перевода Библии, «Ибо знаю Я планы, какие имею о тебе, - говорит Господь, - планы процветать тебе и не вредить тебе, планы дать тебе надежду и будущее»).

Однако в некоторых странах меня попросили не ссылаться на Библию, потому что они не являются христианскими странами.

### 8.18.1 Мои речи, произнесенные в колледжах и высших учебных заведениях Монголии

Меня пригласили дать интервью в прямом эфире Монгольского национального вещателя (МНВ). Мне задали много вопросов, таких как (1) мое видение глобального образования, (2) как моя компания ICT получила крупный контракт на строительство международного аэропорта Инчхон от правительства Кореи, (3) как и почему мне пришлось основать IGlobal University (IGU), и (4) какие программы предлагает IGU. В результате многие монгольские студенты подали заявления на поступление в IGU и успешно окончили его.

125

### 8.18.2 Речи, произнесенные в колледжах и высших учебных заведениях Индии

В 2016 году я посетил многие колледжи и высшие учебные заведения в крупных городах Индии, чтобы привлечь и набрать студентов. Я говорил со студентами на тему «Глобальное видение за пределами американской мечты», которая является подзаголовком моих мемуаров «Божественные вехи».

В результате многие индийские студенты были приняты в IGU. Кроме того, христианские колледжи Индии были заинтересованы в университете IGlobal, а также в подписании партнерских соглашений.

### 8.18.3 Речи, произнесенные в колледжах и высших учебных заведениях Вьетн

Я был приглашен доктором Тран Дук Минем из Ханойского университета бизнеса и технологий (HUBT), чтобы рассказать студентам об IGU и о том, как я достиг американской мечты. Мы с доктором Минхом подписали Меморандум о взаимопонимании по обмену студентами между IGU и HUBT. Я пригласил доктора Минха в качестве приглашенного спикера выступить перед выпускниками IGU на зимней церемонии вручения дипломов 2019 года.

К сожалению, пандемия не позволила обоим университетам принять студентов.

Хочу отметить, что мы с доктором Минем подружились после моего визита в Ханой. Когда я опубликовал мемуары на корейском языке в феврале 2022 года, он предложил перевести на вьетнамский язык мои мемуары и опубликовать их во Вьетнаме. Однако я попросил его подождать, пока я не переведу на английский язык свои мемуары на корейском, так как мне будет легче перевести английский на вьетнамский, чем с корейского на вьетнамский.

### 8.18.4 Мои речи, произнесенные в колледжах и высших учебных заведениях Иордании

Меня пригласили выступить перед студентами в колледжах и средних школах Иордании. Меня попросили рассказать о том, что такое американская мечта и как я ее достиг. Я также представил университет IGlobal профессорам и студентам.

### 8.18.5 Мои речи, произнесенные перед студентами колледжей и высших школ Израиля

Я был немного удивлен, узнав, что некоторые школы в Израиле принимают как арабских, так и израильских студентов, хотя мне приходилось разговаривать со студентами на английском языке. Тем не менее, в основном арабские студенты были заинтересованы в поступлении в университет IGlobal.

**8.18.6 Мои выступления перед студентами колледжей и ВУЗов Казахстана**

В 2017 году меня пригласили выступить на Международном образовательном форуме, спонсируемом Министерством образования Казахстана. Многие докладчики были из разных стран Азии, Европы и Ближнего Востока, включая страну Южная Корея. Удивительно, но я был единственным докладчиком, представлявшим американские колледжи и университеты. Во время своего выступления я сосредоточился на том, чтобы представить присутствующим, особенно казахстанским студентам, университет IGlobal (IGU), рассказать о его расположении, программах обучения, стипендиях, политике и процедурах приема иностранных студентов. Кроме того, я подчеркнул тот факт, что я американец корейского происхождения, чьим видением является «преобразование мира путем предоставления самого инновационного, эффективного и доступного образования всем людям во всем мире, особенно тем, кто отстает в финансовом, физическом или социальном плане». Я также рассказал им, что приехал в Америку из Кореи с американской мечтой в 1968 году и успешно ее реализовал.

Я представил концепцию и миссию университета IGU, а также основные ценности.

Меня познакомили с президентом Северокорейской ассоциации в Казахстане, которая представляет северокорейцев, иммигрировавших в Казахстан из Сибири. Я представил ему свои мемуары «Божественные вехи» и пообещал, что буду предоставлять 100% стипендии квалифицированным корейско-казахстанским студентам.

Впрочем, я не слышал ни об одном корейско-казахстанском студенте, подавшем заявление в университет IGlobal.

Я также встретился с издателем корейской газеты в Алматы, Казахстан, где живет много корейских бизнесменов и христианских миссионеров.

Я встретился с президентом Казахстанского университета информационных технологий и представил ей свои мемуары, а она наградила меня почетным значком университета.

Мой визит в посольство Республики Корея в Соединенных Штатах Америки.

## 8.19 Образование и церемонии вручения дипломов студентам из более чем 50 стран мира

### Церемония вручения дипломов 2018

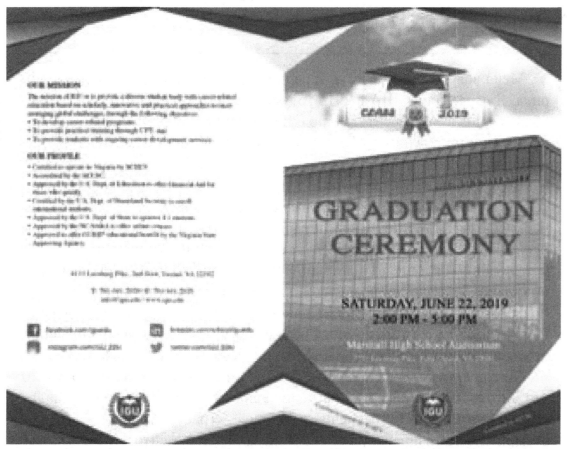

### Выпускник, произносящий прощальную речь: Коби Ампома

Коби Ампома - студент из Африки, получивший степень Магистра делового администрирования в университете IGU. Он произносил прощальную речь на церемонии вручения дипломов IGU в 2019 году. Свою речь он начал со слов: «Я узнал два важных слова от доктора Дэвида Сона: «План» и «Этапы».

Меня зовут Коби Ампома, я родился и вырос в Гане, Западная Африка. Я переехал в США в 2014 году после получения первого высшего образования в Университете Ганы. Я получил степень Магистра делового администрирования (MBA) со специализацией в области ИТ в Университете IGlobal.

Во время моей учебы в университете IGlobal доктор Дэвид Сон, который является основателем и президентом университета, всегда подчеркивал два момента, когда обращался к студентам: «План» и «Этапы». Об этом я также прочитал в его книге «Божественные вехи». Я всегда понимал концепцию «планирования», но «этапы» были для меня в новинку. Именно после прочтения его книги я осознал, что мои вехи должны быть исполнительным органом моего Плана. Таким образом, контролируя свои планы, я могу быть уверен, что нахожусь на правильном пути к достижению своих целей в жизни.

Я окончил университет IGlobal со средним баллом успеваемости 4.0 это диплом с отличием, и в настоящее время работаю старшим аналитиком программного обеспечения в банке «Траст», управляя всей системой автоматизированного распознавания документов и оптического распознавания символов на основе искусственного интеллекта для программного обеспечения по обработке ипотечных кредитов. Я также являюсь основателем и генеральным директором компании Innovations Reimagined, LLC. Моя компания занимается различными аспектами технологий, включая разработку программного обеспечения, решения в области дополненной и виртуальной реальности, продукты искусственного интеллекта с автоматизированным распознаванием документов и оптическим распознаванием символов, а также инженерное совершенствование процессов.

Когда нам задают вопрос «Почему», мы с уверенностью на него отвечаем, используя передовые решения для наших клиентов. Вы можете узнать больше, посетив наш сайт www.innovationsreimagined.com. В заключение я приведу любимую цитату моего наставника Стива Джобса: «Люди, которые достаточно безумны, чтобы думать, что они могут изменить мир - это те, кто действительно это делает». Спасибо. Коби.

**Приглашенный выступающий: Доктор Айнур Каржаубаева
(Департамент образования Казахстана)**

**Приглашенный выступающий: Г-жа Нинже Нинж
(директор Монгольского национального вещания)**

## Приглашенный выступающий: Доктор Монейм Зрибри
## (Декан университета он-лайн программ в Тунисе)

Я открыл для себя «Божий план для меня» через Иеремию 29:11 и решил сделать его мечтой своей жизни, то есть моим жизненным видением. Другими словами, Бог показал мне, что «Божий план для меня» заключается в том, чтобы «преобразовать не только корейское общество, но и весь мир, предоставляя самое инновационное, эффективное и доступное образование всем людям во всем мире, особенно тем, кто не имеет достаточных финансовых, физических и/или социальных возможностей, используя формы обучения на базе кампуса и онлайн».

Хотя г-н Монейм Зрибри был незрячим и жил в небольшой квартире в городе Александрия далеко от кампуса IGU, он не беспокоился о своей повседневной жизни, поскольку правительство округа Фэрфакс предоставляло людям с ограниченными возможностями жилье, питание и транспорт.

Он звонил в администрацию округа за день до начала занятий, чтобы договориться о транспорте, который позволит ему посещать занятия по программе магистратуры делового администрирования. Таким образом, добраться до учебного заведения не составляло труда, но много раз такси, возвращающееся домой, нельзя было заказать заранее, потому что время окончания занятий не было постоянным. Иногда я видел, как он в одиночестве ждал такси по часу или два. Тогда я предлагал подвезти его до квартиры.

В итоге мы стали компаньонами, подвозя его до квартиры в те дни, когда у него были занятия. Я даже пытался пригласить его посетить английское служение моей собственной церкви, Глобал Мишн Черч в Сильвер Спринг, Мэриленд, но он отказался, сказав, что идет в мусульманскую мечеть. Сестра Монейма жила недалеко от его квартиры, и к тому времени, когда Монейм возвращался домой, она ждала его у входа в квартиру и провожала его до квартиры. Помню, она была так счастлива, когда увидела, что я привел его, и поблагодарила меня за это.

У сестры Монейма была дочь-школьница, и я предоставил и сестре, и племяннице стипендии для поступления в магистратуру и бакалавриат IGU соответственно.

Монейм вернулся в Тунис, окончив все учебные курсы за два года с отличными оценками и получив степень Магистра делового администрирования. Затем он стал временным профессором в одном из университетов Туниса и поступил на заочную докторскую программу, где впоследствии получил степень Доктора делового администрирования. Сейчас он живет счастливой жизнью, работая деканом онлайн-программы в университете в Тунисе.

Я пригласил Монейма стать одним из приглашенных докладчиков, когда планировал церемонию вручения дипломов IGU в 2019 году. Вместо этого он попросил меня зачитать его письменное письмо на церемонии вручения дипломов, поскольку ему было слишком сложно физически и логистически добраться до IGU, так как он незрячий человек.

На церемонии вручения дипломов я зачитал его письмо, в котором объяснялось, что Монейм слепой, но он получил степень Магистра делового-администрирования с отличными оценками в 2010 году.

Как только я закончил читать его трогательное письмо, все присутствующие на церемонии вручения дипломов выпускникам 2019 года, включая выпускников и их семьи, сотрудников и профессоров, зааплодировали, а некоторые гости аплодировали стоя.

Речь доктора Монейма Зриби

Привет выпуск 2019 года!

Мои поздравления из Туниса!

Я доктор Монейм Зриби. Я живу в Тунисе и работаю консультантом по высшему образованию, онлайн и смешанному обучению.

Доктор Дэвид Сон пригласил меня выступить с речью на церемонии вручения дипломов 2019 года. Однако, к моему разочарованию, мой график не позволяет мне поехать в Америку. Вместо этого я направил свою речь Доктору Сону, чтобы он мог прочитать ее выпускникам и гостям, присутствующим на церемонии.

Позвольте мне начать с моей истории, которая связана с университетом IGlobal с 2010 года.

У каждого есть мечта... Несмотря на то, что у меня было две степени магистра и большой опыт работы в инженерной сфере, я не мог найти достойную работу. Однако в 2010 году мой друг познакомил меня с доктором Соном. Доктор Сон дал мне возможность осуществить мою мечту. Он предоставил мне возможность получить степень Магистра делового администрирования, что позволило мне найти достойную работу в качестве адъюнкт-преподавателя и продолжить свое образование. Теперь у меня есть степень Доктора в области делового администрирования.

После трех лет работы в колледже в качестве адъюнкт-преподавателя меня повысили до штатного профессора. Позже колледж назначил меня директором, а затем деканом онлайн-программы.

Спасибо доктору Сону и университету IGlobal. Моя мечта стала реальностью. Дорогие выпускники, которые выпускаются сегодня, я желаю вам исполнения всех ваших желаний через усердие и стремление. Спасибо!

## 8.20 Выход на пенсию

Проработав какое-то время в университете IGlobal, в октябре 2020 года мне пришлось выйти на пенсию не только из-за проблем со здоровьем, но и потому, что пишу книги, выступаю с речами и косвенно распространяю Евангелие.

Когда я основал университет IGlobal и успешно управлял им, обучая и выпуская множество студентов из более чем 50 стран, я думал, что достиг Божьего плана, который он уготовил для меня, а именно моего жизненного видения и этапов. Однако Бог хочет, чтобы я засвидетельствовал «Божий план и этапы, уготовленные для меня», а именно мое видение жизни, всему миру, чтобы они нашли Божий план для себя и определили свое собственное видение жизни, как это сделал я.

Поэтому я хотел посвятить свою оставшуюся жизнь тому, чтобы следовать великому Божьему повелению быть доблестным свидетелем для всех народов мира через «косвенную миссионерскую работу», такую как образование (От Матфея 28:19-20).

К счастью, постоянное Божье наставление привело меня к выбору очень достойного преемника IGU, который обладал огромным опытом в сфере образования, чтобы быть квалифицированным для владельца и генерального директора IGU. Божья милость также позволила мне передать философию основания и принципы работы IGU своему преемнику, который был того же сердца, что и я, чтобы всегда оставаться близким к Божьим указаниям (Притчи Соломона 16:9). Когда потребуется моя помощь, я всегда буду готов помочь ему, чем смогу, чтобы мы могли работать вместе во славу Божью. Таким образом, «Божий план для меня» сможет продолжаться без колебаний благодаря усилиям моего преемника в университете IGU, хотя я буду продолжать работать, чтобы свидетельствовать миру о том, как я открыл Божий план и этапы, уготовленные для меня, в качестве моего жизненного видения, и как я достиг своего жизненного видения.

***Подводя итог вышесказанному,*** Я открыл для себя Божий план и 10 этапов (Иеремия 29:11), которые стали моим жизненным видением. Он повел меня к успешному выполнению каждого из этих этапов под Своим руководством, чтобы я смог реализовать свое видение жизни (Притчи Соломона 16:9). В результате безоговорочного доверия Богу и следования за Ним (Притчи Соломона 16:3) я достиг «Божьего плана, уготовленного для меня», то есть своего жизненного видения в 2020 году. Особенно я бесконечно благодарен Богу за то, что это стало возможным благодаря достижению моей Американской мечты, а также за то, что моя компания разработала и построила Международный аэропорт Инчхон, Корея, от зарождения до сдачи в эксплуатацию.

В 1968 году моей первоначальной американской мечтой было изменить не только корейское общество, но и весь мир. Однако я решил основать университет IGlobal в Вирджинии, США, чтобы обеспечить глобальное образование для всех людей во всем мире, включая корейцев. Пока я не вышел на пенсию в 2020 году, многие студенты из более чем 50 стран, включая США и Корею, получили образование и окончили университет со степенью бакалавра или магистра по различным программам в области информационных технологий и делового администрирования. Я предоставлял стипендии и финансовую помощь многим студентам, неимущим в финансовом, физическом и/или социальном плане.

После того, как я основал и успешно управлял университетом IGlobal, я поверил, что достиг Божьего замысла, который он уготовил для меня, а именно моего жизненного видения преобразования мира путем предоставления самого инновационного, эффективного и доступного образования всем людям во всем мире, особенно тем, кто недостаточно обеспечен финансово, физически и/или социально. Однако *Бог повелевает мне продолжать свидетельствовать миру о том, что у Бога есть планы и этапы для всех людей, пока я жив.*

# Глава 9
**«Свидетельствовать о Божьей воле до самых отдаленных уголков Земли»**
**9.1 Божий план для меня продолжается и после 10-го этапа, пока я жив**

Я думал, что успешно выполнил Божий план, который он уготовил для меня, когда в 2020 году вышел на пенсию из университета IGlobal с успешно пройденным 10-м этапом.

Однако Бог повелел мне свидетельствовать миру, распространяя информацию о том, (1) как я узнал о Божьем плане и этапах, которые он уготовил для меня, (2) как я преобразовал их в свою жизненную концепцию и этапы, и (3) как Бог привел меня к их успешному достижению.

**9.2 Моя косвенная миссия**

У меня есть несколько любимых стихов в Библии, но следующие стихи мне нравятся гораздо больше, потому что Бог хочет, чтобы мы участвовали в «образовании, а именно в преподавании», как часть прямой или косвенной миссии.

**От Матфея 28:19-20 (Новая международная версия)**

19: Итак идите, научите все народы, крестя их во имя Отца и Сына и Святаго Духа,

20: *уча* их соблюдать всё, что Я повелел вам; и се, Я с вами во все дни до скончания века.

**Деяния апостолов 1 стих 8**

но вы примете силу, когда сойдёт на вас Дух Святой; и будете Мне свидетелями в Иерусалиме и во всей Иудее и Самарии и даже до края земли

**2 Тимофею 3:16-17**

16: Все Писание вдохновлено Богом и полезно для научения, обличения, исправления, для наставления в праведности,

17: чтобы Божий человек был полностью готов для любого доброго дела.

Прямые миссионеры - это те христиане, которые повинуются Великому Божьему поручению, *непосредственно* отправляясь в зарубежные страны, чтобы «крестить их и просвещать» напрямую.

Мы с женой думали о том, чтобы поехать в зарубежные страны в качестве «прямых миссионеров». Однако нам нужно было управлять нашей компанией, которая очень успешно развивалась, имея множество отечественных и зарубежных дочерних компаний и филиалов не только во многих городах Америки, но и в Азии, Европе, Африке и Австралии.

По этой причине мы не могли быть прямыми миссионерами. Однако мы всегда стремились участвовать в «косвенной миссии», встречаясь с прямыми миссионерами и помогая им «косвенными средствами», такими как молитвы, финансовая помощь и отправка им определенных предметов, таких как Библии, продукты питания и одежда.

Мы определяем «косвенную миссию» как все косвенные средства помощи «прямым миссионерам» путем предоставления им пищи, финансовой помощи, медицинских обследований или материалов, образования, молитв или просвещения неверующих, чтобы они могли уверовать в Иисуса Христа с помощью таких косвенных средств, как Интернет, почта и публикации, не выезжая в другую страну.

### 9.3 Стать свидетелем, чтобы распространить Божий план для всего человечества

Миссия университета IGlobal была определена на основании 2 Тимофею 3:16, где сказано: «... полезно для *научения*, для обличения, для исправления, для наставления в праведности», чтобы сделать всех студентов из многих стран «тщательно подготовленными ко всякому доброму делу» (2 Тимофею 3:17)

Я думал, что выполнил Божий план, который он уготовил для меня в 2020 году, когда ушел на пенсию из университета IGlobal. Однако Бог сказал мне: «Еще нет!». Бог повелевает мне быть свидетелем, уча всех людей по всему миру тому, как я нашел Божий план и вехи для меня

(Иеремия 29:11), определил мое жизненное видение и этапы, и как Бог направил меня к исполнению моего жизненного видения с 10 успешно достигнутыми этапами (Притчи Соломона 16:9).

Поэтому, выйдя на пенсию из IGU, я решил перевести на английский язык свои мемуары, опубликованные на корейском языке в январе 2022 года. Затем я хочу перевести английскую версию этих мемуаров на множество разных языков, включая вьетнамский, монгольский, казахский и испанский. Мой друг во Вьетнаме уже начал переводить эти мемуары на вьетнамский язык.

Я с удовольствием выступал с речами перед многими студентами колледжей и ВУЗов в зарубежных странах. Меня приглашали в качестве приглашенного лектора, чтобы вдохновить многих студентов колледжей и университетов в Индии, Монголии, Вьетнаме, Казахстане, Иордании и Израиле, пока не разразилась пандемия.

Как только эти мемуары будут закончены на английском языке и закончится Пандемия, я хочу рассказать многим студентам о том, как я нашел Божий план и ориентиры для меня «благословить меня и не навредить мне, даровать мне надежду и будущее», как я определил свое жизненное видение и этапы, и как я выполнил Божий план для меня, а именно мое жизненное видение. Бог также направляет меня к тому, чтобы люди по всему миру знали, что *у Бога есть планы и для них - процветать и не вредить им, планы дать им надежду и будущее.*

Дополнительно я расскажу о том, как я мечтал об американской мечте и как я ее успешно реализовал.

153

### 9.3.1 Мое богослужение в Церкви Глобальной Миссии в Вашингтоне

Когда я учился в Корейской военной академии, я нечасто посещал как протестантские, так и католические церковные службы. Однако после приезда в Америку я начал посещать протестантскую церковь. Как только я переехал в Потомак, штат Мэриленд, мы с женой основали церковь «Глобальная миссия», баптистскую церковь.

До 1981 года, когда я работал на одного из принцев в Саудовской Аравии в качестве консультанта по информационным технологиям, я не был возрожденным христианином. Я часто пролетал над Красным морем на самолетах, когда путешествовал в Саудовскую Аравию. Каждый раз, когда я пролетал над Красным морем, я вспоминал о чудесах, которые произошли со мной. Я размышлял также о чудесах, которые описаны в Библии, например о рождении Иисуса Христа Девой Марией. По образованию и подготовке я был ученым и инженером, поэтому я никогда не верил в такие чудеса, как рождение Иисуса Христа, хотя и верил в Бога.

В то время меня вновь посетило озарение, когда я задумался о Вселенной, созданной Богом, о знании и истине. «*Наука - это знание* или система знаний, охватывающая общие истины или действие общих законов, особенно полученных и проверенных с помощью научного метода» (словарь Мерриама-Уэбстера).

Согласно Писанию, знание - это дар Божий (Притчи Соломона 2:6). Размышляя об источниках науки, знаний, мудрости и чудес, я убедился, что Бог может творить чудеса, которые невозможно объяснить с помощью известных нам научных знаний. С тех пор я верил, что всемогущий Бог является источником всего, включая знания, науку и чудеса. Такой образ мышления позволил мне стать возрожденным христианином, верящим, что «Иисус Христос - мой Господь и Спаситель». Как только я вернулся домой из Саудовской Аравии, я добровольно принял крещение в присутствии своей семьи и членов церкви.

Позже я понял, что моя консультационная работа в Саудовской Аравии была Божьим планом и вехами для того, чтобы я стал возрожденным христианином через ряд естественных размышлений во время полета над Красным морем (Притчи Соломона 16:9).

Когда мне было 30 лет, у меня диагностировали туберкулез легких. В тот год я жил без работы после увольнения из армии. Именно тогда я узнал, что Бог создал человечество для Своей славы (Исаия 43:7), что у Бога есть планы для человечества (Иеремия 29:11) и что у Бога есть вехи для человечества, чтобы выполнить Божьи планы (Притчи Соломона 16:9).

Мы с женой каждое воскресенье ходим на богослужения в Церковь Глобальной Миссии в Силвер-Спринг, штат Мэриленд. Иногда я посещаю служение на английском языке. Когда два наших сына, Джин и Эдвард, были маленькими, мы вместе совершали служение в Церкви Глобальной Миссии, где мои сыновья приняли Иисуса Христа как своего Господа и Спасителя. После того, как они поженились, каждый из них со своими семьями посещал свои собственные поместные церкви в Мэриленде и Калифорнии, соответственно.

Когда я был молод, мне часто предлагали изучать теологию, думая, что я буду работать пастором или евангелистом. Мне предлагали стать руководителем Ассоциации братьев-церковников и руководителем хора, но я отказался, в основном потому, что знал, что не смогу уделять много времени служению в качестве руководителя. Я много путешествовал для компании International Computers & Telecom, Inc., у которой было много дочерних компаний и филиалов в Америке и за рубежом. Я также посещал многие мероприятия своей компании и общественные мероприятия, где мне было трудно отказаться от светских напитков. А я бы не хотел даже притрагиваться к бокалу вина или шампанского, став старейшиной, пастором или миссионером.

С тех пор я отказался от того, чтобы стать старейшиной или пастором, потому что не хотел быть «лицемерным старейшиной или пастором». Я изучил библейские источники, где Иисус открыто ненавидит лицемеров, особенно фарисеев. Слово «лицемер» происходит от греческого слова, которое означает «играть актера». Другими словами, лицемер - это тот, кто притворяется кем-то, чтобы получить признание или выгоду, например, звание старейшины или пастора. Я же хочу быть смиренным последователем Бога, стремящимся жить по Его законам, как «мирянин-христианин». Другими словами, я не хотел быть лицемерным христианином, «играя актера».

Другими словами, если я возьму на себя ответственность и обязанности должности старейшины или пастора, признавая при этом, что в своей повседневной жизни я не живу по Библии на 100%, Бог увидит во мне «лицемерного христианина».

Как успешный бизнесмен с глубокой верой в Иисуса Христа, я хотел принять более активное участие в косвенной миссионерской работе. Поэтому, как мирянин, я вступил в Комитет христианских бизнесменов и посвятил себя тому, чтобы сделать все возможное для выполнения столь необходимой косвенной миссионерской работы, продолжая в то же время вносить вклад в свою профессиональную деятельность.

Мы с женой твердо верим в силу молитв. Моя жена активно участвует в программе ходатайственной молитвы в церкви. Повинуясь Божьей заповеди «молиться непрестанно (1 Фессалоникийцам 5:17)», мы молимся за нашу семью, за церковь, за Америку, Корею и весь мир. Мне лично нравится размышлять над стихами из Библии, найденными в Новом Завете, 1 Фессалоникийцам 5:16, 17, 18 - Как дети Божьи, мы «всегда радуемся, непрестанно молимся и за все благодарим Бога».

«Всемогущий и милосердный Бог, я молюсь, чтобы Ты остановил сатану от причинения вреда и вреда людям, особенно освободи люд мирской от Covid -19 как можно скорее, чтобы все люди во всем мире могли жить в более мирном, счастливом и безопасном мире. Также, благодаря этой Пандемии, я искренне надеюсь, что все люди, включая правителей и власть имущих, покаются, будут чтить Бога в своих повседневных поступках, больше любить Иисуса и каждый день будут ведомы благодатью Святого Духа. Я молюсь об этом во имя нашего живого Господа Иисуса Христа, который сказал: «Я есмь путь, истина и жизнь» (Иоанна 14:6)».

Иногда мы молимся, напевая гимн вместо молитвы. Мы молимся, слушая гимны через YouTube дома или во время поездки в машине, например, «Потому что он жив» - мой любимый гимн.

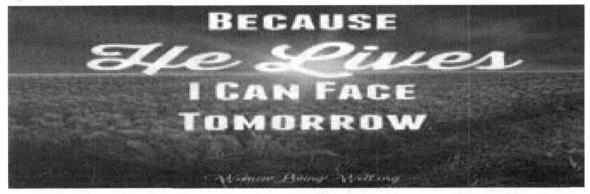

### 9.3.2 Паломничество

Мы с женой побывали во многих странах в качестве паломников по многим странам. В их число входят наши поездки в: Египет, Иордания, Израиль, Греция, Италия, Испания, Португалия, Франция, Германия, Австрия, Чехия, Венгрия, Франция, Румыния, Болгария и др. Каждая из этих экскурсий была очень впечатляющей. В каждом месте, которое мы посетили, было много интересного для нас. Эти поездки оказали большое влияние на нашу веру, прямое и косвенное.

Мы посетили следующие страны на шести континентах с деловыми поездками в дочерние компании и филиалы компании International Computers & Telecom, на встречи выпускников Гарвардской школы бизнеса и на отдых.

**Европа**: Англия, Швеция, Россия, Норвегия, Исландия, Швейцария, Монако, Дания, Гренландия (самый большой остров в мире)

**Азия**: Корея, Китай, Монголия, Вьетнам, Казахстан, Таиланд, Индия, Малайзия, Сингапур, Индонезия

**Африка**: Кения, Танзания

**Австралия**: Австралия, Новая Зеландия

**Южная Америка**: Бразилия, Чили, Аргентина, Парагвай

**Северная Америка**: США, Канада, Мексика, Гватемала, Коста-Рика, Аруба, Ямайка, Пуэрто-Рико, Виргинские острова США и Великобритании, Багамы, Бермуды

### 9.3.3 Встреча с прямыми/непрямыми миссионерами

Мы с женой не являемся прямыми миссионерами, но мы продолжаем распространять Евангелие через косвенные миссии. Наши методы косвенного миссионерства разнообразны. Они включают в себя образование, выступления, встречи с прямыми и косвенными миссионерами в стране и за рубежом, а также другие способы поддержки миссионерских усилий.

## Мой визит в Сонгдо, Инчхон, Корея

По дороге домой из Монголии, куда я был приглашен для чтения лекций в Монголии в сентябре 2019 года, я проехал через международный аэропорт Инчхон, который спроектировала и построила моя компания, и остановился на 3 дня в Сонгдо, Инчхон. Я приехал туда, чтобы присоединиться к своей жене, которая была в Сеуле на мероприятии фонда «Глобальные дети».

Я всегда стараюсь лететь через международный аэропорт Инчхон (МАИ), когда путешествую не только по Корее, но и по Азии, Ближнему Востоку и Европе. Причина в том, что моя бывшая компания ICT была главным подрядчиком по проектированию и строительству МАИ с 1992 по 2001 год. К этому добавляется тот факт, что я прожил в Корее более 10 лет во время строительства МАИ, а также окончил среднюю школу Инчхон в Инчхоне. Таким образом, для меня район Инчхон и Международный аэропорт Инчхон всегда сохраняли сильную связь со мной, моим сердцем и многими воспоминаниями, которые у меня связаны с районом вокруг Инчхона. Я всегда считал, что Инчхон - мой вечный родной город.

## Старейшина Ён Гын Ли, доктор философии, и старейшина Бок Сил Чанг из Центральной пресвитерианской церкви Мён Рён

Встреча со старейшиной Ён Гын Ли, близким другом и единоверцем, стала одной из главных причин, по которой мы с женой остановились в Сонгдо по пути из Монголии. Доктор Ён Гын Ли посещает Центральную пресвитерианскую церковь Мён Рён, расположенную в Мён Рён-дон, Сеул. Когда я был в Корее во время строительства международного аэропорта Инчхон, я посетил центральную церковь Мён Рён и молился вместе с доктором и миссис Ён Гын Ли. Я часто встречался с доктором Ён Гын Ли, когда он проходил курс обучения в Ратгерском университете в Нью-Джерси, США.

У нас с доктором Ён Гын Ли есть общая черта: мы оба были «крещены в Святом Духе» в первый раз, когда нам было за 30. Мне также нравится его свидетельство о вере, провозглашающее, что вера воспринимается как жизнь. Он всегда полон энтузиазма и несет молодым людям послание надежды. Я считаю, что его настойчивое стремление поставить «Божье дело» на первое место в жизненных приоритетах полностью совпадает с моим жизненным видением «Божьего плана для меня», то есть изменения мира через образование.

Доктор Ён Гын Ли занимал должность вице-президента корпорации «Международный аэропорт Инчхон», а с августа 2015 года по июль 2017 года был уполномоченным Управления Свободной Экономической Зоны Инчхон. Как государственный деятель он внес большой вклад в передовое развитие Кореи, включая строительство международного аэропорта Инчхон, а также дальнейшее развитие города Инчхон.

Его жена, старейшина Чан Бок Сил, которая является членом хора «Сион» пресвитерианской церкви Мён Рён, управляет стоматологической клиникой в Сонгдо, Инчхон. Нам с женой представилась возможность посетить ее стоматологическую клинику и получить лечение.

### Пастор Джеймс Бьюн из церкви «Лайф Спринг

Во время пребывания в Сонгдо мы также посетили церковь «Лайф Спринг» в Сонгдо, Инчхон (www.lifespringkorea.org). Церковь «Лайф Спринг» была основана преподобным Джеймсом Бьюном. Я совершал поклонение вместе с пастором Джеймсом Бьюном, когда он служил в английском церковном служении Церкви Глобальной Миссии в Вашингтоне, которую я посещаю. С тех пор как пастор Бьюн основал церковь «Лайф Спринг» в Сонгдо, я следил за новостями его церкви через электронную почту, Facebook и SMS-сообщения, но именно тогда я впервые лично посетил его церковь. Поэтому я был очень рад увидеться с преподобным и госпожой Бьюн.

Мы посетили его церковь в воскресенье и участвовали в воскресных богослужениях, пока находились в Сонгдо. Пастор Джеймс Бьюн проповедовал на английском языке, а его жена переводила на корейский, поэтому даже те прихожане, которые не говорили по-английски, могли слушать ее четкий перевод и вдохновляться проповедью.

Я был очень рад увидеть фотографии проповеди преподобного Дэниела Ли. Преподобный Ли был старшим пастором Церкви Глобальной Миссии в Вашингтоне. В это же время мы встретились с парой сотрудников церкви, которые раньше работали в Церкви Глобальной Миссии в Вашингтоне.

Квон Ён Хэ, «Президент Ассоциации национального фонда воссоединения Кореи», посетил США в августе 2022 года

**Квон Ён Хэ, Президент «Ассоциации национального фонда воссоединения Кореи», был «сопредседателем Национального совета старейшин Кореи» и принимал участие в учредительных собраниях подготовительных комитетов Национального совета старейшин Кореи на востоке и западе США в августе 2022 года.**

Бывший сопредседатель Квон провел пресс-конференцию с Korea Times перед участием во встрече «Восточного региона Подготовительного комитета США».

«Бывший сопредседатель Квон сказал на пресс-конференции с Korea Times, что «мы должны праздновать 15 августа не только как День освобождения, но и как День национального основания Республики Корея». Бывший сопредседатель Квон занимал должности министра национальной обороны и директора Национальной разведывательной службы во время президентства Ён Сам Кима. Он является 15-м выпускником Корейской военной академии». (The Korea Times)

10 августа 2022 года бывший сопредседатель Квон принял участие в учредительном собрании Подготовительного комитета Восточных Соединенных Штатов Корейской национальной ассоциации старейшин, консервативной организации в Корее. «Бывший сопредседатель Квон Ён Хэ в своей вступительной речи сказал: «Корейский национальный совет старейшин - это организация, занимающаяся защитой либеральной демократической системы. Мне жаль, что либерально-демократическая система в Корее оказалась под угрозой. Тем не менее, я благодарю вас за основание Подготовительного комитета на востоке США». Кроме того, бывший сопредседатель заявил, что «Корейский национальный совет старейшин, зарегистрированная организация, была создана в 1991 году и насчитывает 33 участника, включая бывших премьер-министров, председателей Национального собрания, главных судей Верховного суда, ректоров университетов, генералов армии и представителей медиакомпаний». (TheKoreaTimes).

**Моя встреча со старейшиной Квон Ён Хэ, президентом «Ассоциации национального фонда воссоединения Кореи», который является моим однокурсником по Корейской военной академии и коллегой-евангелистом.**

Мы с женой встретились со старейшиной Квоном, как только он прибыл в Вашингтон, округ

Колумбия. Его сопровождали жена, дочь, живущая в Коннектикуте, и мистер и миссис К.В. Ли. Во время обеда мы все обсудили не только нашу прошлую жизнь, но и нашу веру и миссионерские труды. Я хорошо знаю старейшину Квона еще со времен моей работы в Корее, когда моя компания занималась строительством международного аэропорта Инчхон с самого начала и до сдачи объекта, а также обеспечивала армию США в Корее всеми услугами по контракту на предоставление информационной системы управления и контроля тактической воздушной армии (ИСУКТВА), включая разработку, эксплуатацию, техническое обслуживание и обучение. Оставаясь в Корее, я часто посещал ту же церковь, что и старейшина Квон. Я знал, что старейшина Квон был одним из немногих христиан, которые были офицерами высшего ранга в корейской армии.

Старейшина Квон успешно завершил все свои официальные и личные дела в США и вернулся в Корею в начале сентября 2022 года. После прибытия в Корею он сказал мне, что прочитал все страницы моих мемуаров на корейском языке, и прислал мне следующие фотографии и личное письмо, в котором он сказал, что мы с ним могли бы работать вместе, чтобы распространять Евангелие среди корейских студентов, курсантов и выпускников Корейской военной академии.

**Тема: Как если бы я написал свою жизнь в Деяниях 29**

Доктор Дэвид Сон - мой однокурсник в Корейской военной академии (КВА). Я очень уважаю доктора Сона, потому что хорошо знаю его как бизнесмена-христианина, который участвовал в миссионерской деятельности больше, чем пасторы полного дня.

Я пишу это письмо, потому что сожалею, что мы не смогли обсудить несколько вопросов, когда я встретился с ним и его женой во время моей поездки в Вашингтон, в качестве бывшего сопредседателя Национального совета старейшин Кореи.

Я вырос в сельской деревне, где не было ни одного врача. Когда мне было шесть лет, я стал свидетелем внезапной смерти моего младшего брата, который был на два года младше меня. Внезапная смерть брата подтолкнула меня к мечте стать врачом. За день до того, как я планировал сдавать вступительные экзамены на медицинский факультет университета Кёнбук, я получил окончательное уведомление о том, что сдал вступительные экзамены в 15-й класс Корейской военной академии (КВА). Тогда мне пришлось принять решение стать военным офицером, а не врачом, в основном потому, что я беспокоился о своих родителях как их старший сын. По этой причине я очень сочувствую доктору Сону, ведь ему тоже пришлось отказаться от поступления на медицинский факультет университета Йонсей по финансовым причинам, и он решил поступить в Корейскую военную академию, которая предоставляла каждому принятому курсанту полную стипендию на 4 года.

Моя жизнь как христианина также началась, когда я женился на госпоже Хё Сун Ким, которая переехала из Хван Хэ До в Южную Корею до начала Корейской войны. Моя свекровь, Сон Вон Ким, окончила 4-й класс Пресвитерианской общей теологической семинарии. После окончания семинарии она служила пастором в методистской церкви, расположенной в Нае Джа Донг, Чон Ро Гу.

Во время прохождения срочной службы я служил в качестве командира батальона, полка и дивизии соответственно. Из-за строгой и жесткой армейской природы я не мог показаться «добрым человеком» по отношению к своим подчиненным. Однако, как командир-христианин, я старался показать, что отличаюсь от неверующих, делая все возможное для Бога и страны. Когда я работал в Министерстве национальной обороны, я делал все возможное, чтобы систематически выделять военным капелланам достаточно средств на строительство и содержание религиозных объектов в каждой воинской части, чтобы военным капелланам не приходилось искать поддержки у гражданских христианских организаций.

Однако во время службы в армии я не мог оказывать услуги многим общественным организациям или служить миссионером в зарубежных странах, как это делали другие христиане.

Даже после выхода на пенсию я продолжал посещать Центральную церковь вооруженных сил и служить в качестве пресвитера в отставке. Я также служу пресвитером в церкви «Антиохия» в Сувоне, где служит пастор Чан Хван Ким. Кроме того, я читаю специальные лекции в различных церквях и посещаю воинские части вместе с членами церкви и общественными организациями, которые активно занимаются военным благовествованием, чтобы выполнять волонтерскую работу и читать лекции.

Я считаю, что самое важное христианское благовестие - это подавать пример верующим своей жизнью, особенно передавать веру родителей своим детям. К счастью, все мои три дочери - верующие христиане и работают евангелистом, консультантом и клиническим диетологом соответственно в Корее, Австралии и США. Все они живут жизнью служения Богу и ближним. Поэтому я воздаю славу Богу!

Видя, как все наши дети живут в послушании миссии, данной Господом, по вере своих предков, мы с женой поклялись «жить жизнью без стыда, как в Деяниях «29», отныне и навсегда».

Доктор Дэвид Сон! Я надеюсь, что наша встреча в Вашингтоне позволит нам, как собратьям-христианам, принести гораздо больше славы Господу через более активную миссионерскую деятельность.

***Сентябрь 2022 г. Старейшина Квон Ён Хэ (30-й министр наци-***

*ональной обороны, 21-й директор Национальной разведывательной службы)*

## Преподобный д-р Кьюнг Донг Чанг, всемирно известный пастор всеобщего возрождения

Пастор Кюн Донг Чанг родился в Гунсане, Корея, получил степень магистра богословия и доктора служения в Баптистском теологическом университете в Тэджоне, Корея, соответственно. Он является старшим пастором баптистской церкви Джунгмун и адъюнкт-профессором Баптистской теологической семинарии в Тэджоне.

Согласно сайту Aladin (https://www.aladin.co.kr/), «пастор Кён Дон Чанг, лучший мультимедийный видеопроповедник нашего времени, появился на корейских телеканалах, таких как CBS, CTS, KBS и MBC, чтобы дать многим людям не только близость к Евангелию через его проповеди, уроки и шутки, но и опыт восстановления и исцеления души через пробуждение пути беседы».

«Пастор Чанг появился на телеканале MBC в передаче <Восклицание> с дружелюбным видом, как человек живущий по соседству, и представил иной образ пасторов. В программе <Клик! Клик!> вместе с комиком Ли Кён Гю, пастор Чанг рассмешил зрителей своим красноречием, превосходя в этом плане всех знаменитостей. В одной из программ телеканала MBC пастор Чанг прочитал специальную лекцию на тему дома и стал гостем передачи «Чан Ан», а также появился в программе телеканала KBS «Гэгмэн», завоевав положительную репутацию, делясь библейскими уроками и счастьем».

«Его послание полно страсти, убежденности и счастья. Сила его послания исходит от Бога, убежденности Евангелия и «3-das», что означает Молитва, Чтение и Любовь. Он устал от рушащихся домов и застойного роста церквей. Он предан христианскому служению для проповеди и распространения Евангелия».

«Среди многих нехристиан есть немало людей, которым нравится христианское вещание, чтобы услышать приятные слова пастора Чанга. Легкая проповедь пастора Чанга, смешанная с диалектом, привлекает многих людей, уставших от сумаотошной повседневной жизни. Пользующийся большой любовью за пределами религии, он настойчиво призывает вернуть истинную радость в мир, где он живет с утраченной «надеждой», с помощью этой книги. Говорится, что такие явления, как деньги и материальное благополучие, не могут дать нам истинной радости, и что только восстановление «души» может преодолеть это трудное время. Таким образом, пастор Чанг окончил Высшую школу теологии Баптистской теологической семинарии и получил степень доктора служения в Баптистском теологическом университете в Тэджоне, Корея. Он является старшим пастором баптистской церкви Джунгмун и адъюнкт-профессором Баптистской теологической семинарии в Тэджоне. Он читает специальные лекции на телеканалах CBS и CTS и каждую неделю доносит послание жизнеутверждения и надежды до миллионов телезрителей».

«Его труды включают: «Люди, оставившие свидетельства веры 1, 2», «Я - личность, достойная внимания в глазах Бога», «Я - человек, оставивший свидетельство веры», «Опыт силы Божьей», «Создание дома с чувствами пастора Кён Дон Чанга», «Особое счастье пастора Кён Дон Чанга», «Сущность и основы христианской жизни», «Продай меня, чтобы купить небеса», «Победа через душевную боль», «Лестница успеха», «Лестница счастья», «36 слов благословения самым ценным людям», «Утешительное выступление», «Бог, пойдем вместе», «Секрет небес», «Сердце Небесного Отца», «Бог, я хочу, чтобы меня использовали», «Эта Земля нуждается в восстановлении» и т.д. (https://namu.wiki /w/장경동)»

«Пастор Чанг в своей книге «Десять заповедей, чтобы сделать жизнь счастливой и процветающей» сказал следующее: (1) Счастье начинается с признания себя, обновления своего взгляда на жизнь, (2) Поступай с Господом, как все, (3) Любовь приходит с прощением, (4) Не будь упрямым и невежественным, (5) Радуга - в твоем сердце, (6) Благодарность - лучшее противораковое лекарство и средство сохранения, (7) Не будь мнительным по отношению к другим, (8) Не сравнивай, (9) Забудь о прошлом, и (10) Давай готовиться к будущему».

«Пастор Чанг также сказал: «Я создаю мир» следующим образом:

(1) Будьте солью для мира, (2) Следуйте сути, а не явлению, (3) Смотрите внутрь, а не наружу, (4) Держитесь подальше от роскоши и разврата, (5) Тратьте деньги «с умом», (6) Мир, который хвалят и восхваляют, (7) Другое рождение, усыновление, (8) Самоубийство, (9) Человек, который светит везде, (10) Самый близкий путь к мечте, (11) Будьте осторожны со своим языком, (12) Жить счастливо - самая мудрая жизнь, (13) Наполните свою жизнь страстью, (14) Книги, книги, книги, читайте книги, (15) Лидер, подобный Моисею, и (16) Начинайте решительно».

«Пастор Кён Донг Чанг также провел собрание пробуждения «Разделение счастья» в Центральной церкви Лас-Вегаса, США, в январе 2020 года, внеся большой вклад в распространение Евангелия не только в Лас-Вегасе, но и в близлежащих населенных пунктах».

Я много раз слушал проповеди и лекции пастора Чанга через YouTube. Меня привлекли и побудили полюбить его проповеди и лекции следующие причины:

Прежде всего, я считаю, что пастор Чанг обладает многими гениальными талантами не только в проповеди, толковании Библии, евангелизме и лекциях о возрождении, но и в музыке и различных видах спорта, таких как футбол, гольф и волейбол. Проповеди и лекции пастора Чанга очень просты, незамысловаты и не приукрашены, но они привлекают самых разных людей, будь то пожилые или молодые, мужчины или женщины, женатые или одинокие, богатые или бедные, верующие или неверующие.

Иногда он публично, но «осторожно» критикует пасторов и старейшин, которые не имеют богословского образования или не наполнены Святым Духом. Это косвенно доказывает, что пастор Чанг является пастором, имеющим не только высшее богословское образование со степенью доктора служения, но и полным Святого Духа.

В сентябре 2022 года я имел честь познакомиться с пастором Чангом и лично послушать его проповедь, когда он проводил собрания возрождения в Мэриленде и Нью-Джерси. Пастор Чанг убедил меня в том, что он обладает гениальным талантом проповедовать, читать лекции и петь как евангельские гимны, так и эстрадные песни во время своих проповедей.

После личной встречи с ним я попытался проверить его талант в спорте, особенно в гольфе, который является моим любимым видом спорта, потому что я слышал, как он хвастался игрой в гольф, много раз во время своих проповедей в Корее.

Поэтому я пригласил его и еще двух пасторов сыграть партию в гольф в частном загородном клубе Монтгомери Кантри Клаб (МКК), членом которого я являюсь. Хотя он не решался играть, в основном потому, что ему нужно было ехать в Нью-Йорк на следующее собрание возрождения, мне удалось убедить его принять мое предложение сыграть в МКК на следующее утро. Мы начали играть в гольф очень рано. Несмотря на то, что он никогда не играл на этом поле и был вынужден пользоваться чужими клюшками, он играл исключительно хорошо, начиная с драйв-шотов и айрон-шотов и заканчивая подачей. Он убедил меня и других игроков, что у него исключительный талант в гольфе. Мы все согласились, что если бы он занимался гольфом в молодости, он мог бы стать очень успешным профессиональным гольфистом.

Благодаря этому обходу, я также смог узнать, что пастор Чанг был простодушным, бережливым пастором и миссионером, помимо соблюдения видимости и формальностей.

Хотя я занимаюсь глобальным образованием и являюсь «косвенным миссионером», я надеюсь, что в будущем смогу работать вместе с пастором Чангом в качестве соратника глобального евангелиста в сфере образования и глобальной миссии. Например, пастор Чанг мог бы основать при баптистской церкви Чжунмун *«Глобальный университет Чжунмун»* и предоставлять студентам из Кореи и других стран не только академические степени, но и христианское образование. Тогда мы с ним могли бы работать вместе, чтобы распространять Евангелие среди многих людей, *«не доходя до края земли»*.

## Вице-канцлер/пастор Кёнлим Шин (Ли) и пастор Сан У Ли

Преподобный доктор Кёнлим Шин (Ли) - вице-канцлер Теологической семинарии Уэсли в Вашингтоне и пастор Вашингтонской объединенной методистской церкви в Роквилле, штат Мэриленд. Она работает вместе с пастором Сан У Ли. Я часто посещал выпускные церемонии и специальные мероприятия в Богословском университете Уэсли и несколько раз присутствовал на богослужениях в Вашингтонской методистской церкви.

Помимо обязанностей вице-канцлера, пастор Кёнлим Шин занимается теологическим образованием и подготовкой пасторов в десятках стран Латинской Америки, Азии и Африки, а также в США. Благодаря этому она воспитала множество преподавателей местных школ и профессоров семинарий. Она - педагог и пастор, который делает все возможное для предотвращения еретических движений и распространения истинного Евангелия. Вице-президент Шин (Ли) окончила Методистский теологический университет в Корее, Гарретский теологический университет и Теологический университет Уэсли, соответственно, и получила степень доктора служения в Теологическом университете Уэсли.

**Посещение миссионеров в Яньбяне, Китай**

Несмотря на то, что мы не выезжали за границу для миссионерской жизни, мы поддерживали миссионеров на местах молитвами и пожертвованиями, то есть косвенно. Мы также лично встречались с миссионерами как дома, так и за границей.

После выхода на пенсию в 2004 году мы посетили Яньбяньский научно-технический университет в Китае и встретились с миссионером Сан Хун Ли, которого направили туда из Вашингтона, округ Колумбия, а также со многими другими миссионерами, которые были там. Яньбяньский научно-технический университет был основан в Яньбяне, Китай, корейским христианином, живущим в США. Студенты и сотрудники были в основном корейцами и китайцами.

Я был приглашен в качестве лектора и рассказал студентам Яньбяньского университета науки и технологии о том, как я смог достичь американской мечты и как мне удалось выиграть контракт на строительство международного аэропорта Инчхон. Кроме того, я призвал их выяснить Божий план для каждого из них и как можно скорее преобразовать его в свою жизненную перспективу с реалистичными этапами, а также приложить все усилия для достижения своих видений, а именно Божьих планов для них.

# Миссионеры Кан Хан Сунг/Вусулчо

Мы с женой часто встречаемся с миссионерами Кан Хан Сунг/Вусулчо, которые были направлены из Церкви Глобальной миссии в Вашингтоне. В последнее время я особенно часто встречаюсь с ними через Zoom-встречи. Пастор Кан Хан Сунг долгое время служил помощником пастора в церкви Глобальной миссии в Вашингтоне, прямо и косвенно помогая «зеленым» пасторам коими являемся мы с женой. Они проявляли интерес к образованию своих детей и поэтому часто посещали университет IGlobal (IGU), который я основал.

## Миссионер Джин-нам Ким в Казахстане

Посетив Казахстан в 2018 году, я побывал в большом городе Алматы. Алматы - это город, в котором живет много корейцев и китайцев, которые уже давно живут в Казахстане, а также много корейцев, которые приезжают из Южной Кореи как по делам бизнеса, так и для туризма.

Во время моего пребывания в Алматы я посетил церковь «Мухабат», которая состоит в основном из уйгуров под руководством миссионера Джин-нам Ким, направленного из Кореи. На следующих фотографиях представлена семья миссионера и церковная деятельность членов церкви «Мухабат».

## Преподобный д-р Санг Хван Ко, старший пастор баптистской церкви «Всемирная миссия»

Преподобный доктор Санг Хван Ко - старший пастор баптистской церкви «Всемирная миссия» в Сан-Хосе (www.wmission.org) и член адъюнкт-факультета в Гейтвейской и Юго-Западной баптистской богословской семинарии. Кроме того, пастор Ко - мой близкий друг на Facebook. Благодаря общению в Facebook я узнавал о делах и церковной деятельности пастора Ко, по крайней мере, раз в неделю.

Мне нравится заявление о миссии баптистской церкви «Всемирная миссия»: «Баптистская церковь «Всемирная миссия» - это церковь, которая практикует проповедь Евангелия Иисуса Христа по всей земле».

Как собратья-христиане, я надеюсь, что мы сможем работать вместе во имя миссии провозглашения Иисуса, нашего Господа и Спасителя, всему миру.

Пастор Ко раньше был помощником пастора церкви Глобальной миссии в Вашингтоне, которую я посещал с 1980 года. В 2009 году он был назначен старшим пастором баптистской церкви «Всемирная миссия». Пастор Ко также работал президентом Ассоциации церквей в Сан-Хосе в 2019 году и провел Генеральную ассамблею Ассоциации Сан-Хосе 1 октября 2019 года в баптистской церкви «Всемирная миссия».

**Успешная миссионерская деятельность пастора Ко в Индии**

Пастор Санг Хван Ко - старший пастор баптистской церкви «Всемирная миссия Силиконовой долины» в Северной Калифорнии. В рамках стратегии Всемирной миссии пастор Ко проповедует Евангелие, помогая людям из Махараштры, Индия, с 2014 года. Поскольку пастор Ко был инициатором создания нескольких «домашних церквей», ему понадобилась центральная церковь со зданием для богослужения, управления и обучения. Поэтому в 2019 году он построил церковь Нью Лайф Мишн в городе Аурангабад.

Около 120 миллионов человек, проживающих в штате Махараштра, расположенном в западном полуострове Индии, говорят на диалекте маратхи. Поэтому церковь пастора Ко основала семинарию маратхи в Индии и провела первую церемонию выпуска 30 августа 2022 года.

В марте 2021 года, пастор Косентмет написал следующее письмо, потому что он хорошо знал, что я не только построил международный аэропорт Инчхон, но и основал университет IGlobal в Вирджинии в 2008 году, чтобы достичь своего жизненного видения, вытекающего из Божьего плана, который был уготовлен мне (Иеремия 29:11):

Дорогой дьякон Дэвид Сон,

Я молюсь, чтобы мир Господень переполнял Ваш университет и Вашу семью. Я очень скучаю по Вам и миссис Сон. Надеюсь, Вы здоровы.

Даже в разгар COVID-19 моя семья и церковь живут в мире. В нашей церкви есть миссионер Чанг Х.Х., который работает в Гватемале после направления туда миссией. Миссионер Чанг поинтересовался, как можно основать инженерно-технический колледж в Гватемале.

Большинство членов нашей церкви - инженеры, однако нет никого, кто мог бы проконсультировать его по поводу создания инженерно-технического колледжа.

Я знаю, что доктор Дэвид Сон сможет дать ему определенный совет и помочь миссионеру Чангу, потому что Вы уже успешно руководили консорциумом по строительству международного аэропорта Инчхон, а также основали и успешно управляли университетом IGlobal с помощью видения Джошуа и Калеба.

Пожалуйста, помогите миссионеру Чангу, в память о нашей дружбе и того периода, когда мы с Вами работали вместе в церкви Глобальной миссии в Вашингтоне.

Пастор Ко попросил меня сослаться на письмо миссионера Чанга, которое приводится в копии.

*«Уважаемый пастор Ко,*

*Как я уже упоминал в своем предыдущем письме, у меня есть сильное желание создать в Гватемале инженерно-технический колледж, который мог бы выпускать людей, способных работать на рабочих местах, которые появляются в условиях четвертой промышленной революции.*

*Я хотел бы попросить Вас обратиться к инженерам из Силиконовой долины с просьбой посоветовать мне, как основать инженерно-технический колледж в Гватемале.*

*Конечно, мы пытаемся оптимизировать оборудование и преподавательский состав, используя только местные ресурсы, потому что этот колледж будет учебным заведением, создаваемым на миссионер-*

*ском поле.*

*Уровень образования здесь слабый и неформальный. Например, любой человек, окончивший колледж со степенью бакалавра, может преподавать в колледже.*

*Подобно тому, как молодые корейцы получили новое образование в школе в Корее, основанной американскими миссионерами давным-давно, я страстно желаю, чтобы молодое поколение в Гватемале получило возможность учиться. Пожалуйста, дайте мне свой совет по вопросу основания колледжа, который поможет построить будущее в Гватемале, отставшей во многих областях, включая образование.»*

## Миссионер Чан Хын Хо из Гватемалы

Я познакомился с миссионером Чан Хын Хо, который ведет миссионерскую работу в Гватемале, благодаря знакомству с пастором Санг Хван Ко, старшим пастором баптистской церкви «Всемирная миссия» в Сан-Хосе. Когда я узнал, что он планирует создать университет, я решил отправить ему свою книгу «Божественные вехи», потому что в ней подробно описаны все процедуры создания, такие как цель, регистрация, программы и политика работы университета IGlobal. Я отправил два подписанных экземпляра своих книг пастору Ко, чтобы он переслал их миссионеру Чангу.

Ниже приводится письмо миссионера Чанг Хын Хо из Гватемалы:

*Мне позвонил пастор Санг Хван Кох и я передал сердечный привет доктору Дэвиду Сону.*

*В 2002 году я получил приглашение принять участие в создании школы в Гондурасе, Центральная Америка, и участвовал в открытии первой школы там. Таким образом, я основал школу и заботился о ней. С 2008 года по настоящее время, в одном из городов Гватемалы, начиная с детского сада, каждый год добавляется один класс, затем начальная школа, затем средняя школа.*

*И после открытия средней школы в 2022 году, мы откроем инженерно-технический колледж в 2024 году и будем работать над тем, чтобы выпускать компетентных и полезных руководителей для будущего Гватемалы, которая в настоящий*

181

> *момент, к сожалению, является еще слаборазвитой страны. Я хотел бы попросить Вашего руководства в будущем.*
> *Спасибо большое.*
> *Да пребудет с вами мир Господень. Миссионер Хын Хо Чанг из Гватемалы.*

Просветительским миссионерам

Мы хорошо знаем, что западные миссионеры, в том числе из США, подготовили много работников в Корее, которые были необходимы следующим поколениям благодаря новым образовательным методам, которым они обучали в темные века Кореи.

Точно так же Бог побудил меня заняться просветительской миссионерской работой с намерением воспитать новое поколение, которое преобразит Латинскую Америку, где все люди живут в сложной жизненной ситуации среди разного рода несправедливости, таких как коррупция и наркотики, по причине отсутствия квалифицированных руководителей.

В 2002 году Бог дал мне возможность участвовать в служении по открытию школы в небольшом городке Прогресо, Гондурас. Я вел учеников от детского сада до получения высококачественного образования и молился о том, чтобы будущее общества Гондураса изменилось благодаря образованию, которое получили эти ученики.

С 2003 года, руководствуясь тем же видением, я основал миссионерский центр в маленьком городке Чисек, Гватемала, а затем школу. В результате я благодарен за то, что теперь это место превратилось в среднюю школу и миссионерский центр, который оказывает большое влияние на этот район.

Кроме того, в 2008 году по Божьему ведению началось мое служение в более крупном городе Чимальтенанго. И до сих пор мы воспитываем молодых людей, которые в будущем смогут оказать хорошее влияние на этот регион. Каждый год, в школе становится на один класс больше. И сейчас мы набираем учеников в среднюю школу, которая начнет свою работу в 2022 году.

Ниже представлены фотографии недавних богослужений и семинаров для учителей в миссионерском центре, где работает миссионер Чанг.

Недавняя церемония вручения дипломов в средней школе

Когда у меня будет возможность, я хочу лично посетить миссионера Хын-Хо Чанга в Гватемале и попытаться определить все возможные варианты того, как я могу помочь миссионеру Чангу, чтобы он смог достичь цели успешного создания в этой стране университета, опираясь на ценный опыт и знания, которые я получил, когда основывал университет IGlobal в США.

Я надеюсь, что стипендии также будут присуждаться студентам с отличной успеваемостью и лидерскими качествами из числа малообеспеченных студентов.

## Миссионеры Ким Сон Ен/Чо Ён Хи

Другие миссионеры, с которыми я познакомился, - старейшина Самуэль Ким и старшая диаконесса Чо Ён Хи, которые сейчас живут в Вирджинии. До этого они жили в Чикаго, США, и отправились в Китай с целью в сердце служить нуждам этнических меньшинств в Китае в качестве миссионеров в течение многих лет. После возвращения в Корею они опубликовали свою книгу «История старших миссионеров». Я похвалил старейшину Кима и его жену, которые продолжают делать все возможное для внутренней и международной миссии.

Американцы корейского происхождения строят часовню на вершине джунглей реки Амазонки вместе с коренными индейцами.

**Миссионеры Пил-Нам Хванг/Мал-Рай Ким**

Я посещал Монголию четыре раза. Во время моего первого визита я познакомился с миссионерами Пил-Нам Хванг/Мал-Рай Ким. Они основали Вашингтонскую монгольскую церковь в Арлингтоне, штат Вирджиния, в 2003 году и благовествовали многим монголам, живущим в этом районе. Я посещал богослужения вместе со студентами колледжа IGU из Монголии.

В феврале 2019 года я принял участие в приеме по случаю празднования монгольского Нового года, спонсируемом IGU.

**Диаконесса Хон Мён Сун**

Диаконесса Хон Мён Сун (Сара Хон) является старостой деревни «Благодать и мир» Вашингтонской церкви Глобальной миссии и неустанно трудится над духовным обучением и христианским общением для жителей деревни. Диаконисса Хон также почти каждый год на протяжении более 20 лет совершает краткосрочные миссии в разные стра-

186

ны мира, включая Южную Америку, Азию и Европу.

До выхода на пенсию девять лет назад она более 20 лет добросовестно работала в качестве биолога-исследователя. в Национальном институте здоровья в Бетесде, штат Мэриленд. Там она опубликовала множество работ о своих исследованиях. После выхода на пенсию она прошла миссионерскую подготовку в Кона-Гавайи, и теперь она - профессор английского языка в Среднезападном университете, преподаёт английский язык иностранным студентам, делая всё возможное для распространения Евангелия через «косвенное миссионерство».

**Преподобный доктор Ли Дон Вон (Дэниел Ли) в Доме пилигримов**

В сентябре 2018 года я посетил «Дом пилигримов» в Гапхёне, Кёнги-до, который в Корее называют местом паломничества. Пастор Ли считается непрямым миссионером. Он рано ушел на пенсию из церкви Глобальной миссии в Корее и основал «Дом пилигримов» в Гапхёне, Кёнги-до, чтобы обучать пасторов и светских лидеров корейских церквей.

(Источник:https://pilgrimhouse4u.blogspot.com/2019/03/pil_grim-seminar.html)

Я уважаю пастора Ли с тех пор, как он был старшим пастором церкви Глобальной миссии в Вашингтоне. Поэтому я хотел посетить Дом пилигримов и принять участие в семинаре. В сентябре 2019 года я посетил Дом пилигримов вместе со старейшиной церкви Глобальной миссии в Корее - Пак Хи Сиром и его женой. Пастор Ли подробно рассказал мне обо всех особенностях и семинарах, в том числе о «Путешествии пилигрима».

### 9.3.4 Перевод и распространение моих мемуаров «Божественное видение и вехи»

В 2016 году я опубликовал на английском языке автобиографию «Божественные вехи» с подзаголовком: «Глобальное видение за пределами американской мечты», как средство привлечения студентов в университет IGlobal, а также как средство проведения косвенной миссионерской работы. В своей автобиографии я рассказал, что Бог побудил меня мечтать об американской мечте в Корее, привел меня в Америку и осуществил мечту в Америке, библейски изложив цель, план и вехи, для которых Бог создал меня.

Через Amazon.com и другие средства массовой информации многие страны мира проявили интерес к выпуску моей автобиографии и меня попросили прочитать лекцию о процессе достижения американской мечты. Путешествуя по таким странам, как Индия, Монголия, Казахстан, Вьетнам, Иордания и Израиль, я читал лекции о своей автобиографии и IGU. Однако из-за пандемии Covid-19 мне не удавалось путешествовать с 2020 года.

Моя автобиография на английском языке, опубликованная в 2016 году, была переведена на монгольский и корейский языки. Эти мемуары на английском языке будут переведены на вьетнамский, монгольский, казахский и испанский языки, чтобы доказать, что у Бога есть планы и вехи для всех людей, и рассказать, как я достиг Божьего плана и вех, которые Он уготовил для меня, включая то, как я мечтал об американской мечте и как я ее достиг.

### 9.3.5 Использование моих мемуаров в качестве учебников по деловому администрированию и христианскому лидерству

Поскольку я являюсь доктором философии в области менеджмента и организации и моя автобиография написана на принципах надежного управления бизнесом, таких как цели, планы и этапы, многие университеты хотят использовать ее в качестве основного учебника по управлению бизнесом или в качестве дополнительного материала. В частности, я бы рекомендовал использовать мою автобиографию в качестве учебника для кафедры христианского лидерства и менеджмента в университетах, поскольку она может пробудить в христианах интерес к Божьим планам и вехам для человечества и всей Вселенной.

### 9.3.6 Внутренняя и зарубежная «косвенная миссионерская деятельность» через проведение лекций по приглашению

Я собираюсь снова начать путешествовать по миру и читать лекции на основе моей автобиографии, чтобы свидетельствовать о Боге, у которого есть планы и вехи для всех людей, используя Божий план и вехи, которые он уготовил для меня.

### 9.3.7 Косвенная миссионерская работа через «Фонд Сона»

Мы с женой создали частный фонд, чтобы прямо или косвенно помогать детям, находящимся в неблагоприятном экономическом, физическом и/или социальном положении, чтобы они могли изучать Библию и стать мировыми лидерами, когда вырастут.

### 9.3.8 Стипендии, присуждаемые студентам-христианам

Мы с женой стремимся предоставлять стипендии студентам-христианам, чтобы они могли получить высшее образование в аккредитованных колледжах. Мы хотим, чтобы они стали мировыми лидерами в своих специализированных областях.

# Глава 10. Заключительные слова

### 10.1 «Божий план и вехи, уготовленные для меня» стали моими жизненными перспективами и вехами

Я не знал, зачем я пришел в этот мир и каковы мои жизненные перспективы, пока мне не исполнилось 30 лет. Я мечтал стать врачом и хотел поступить в университет Йонсей, куда меня приняли, благодаря моим высоким итоговым школьным оценкам. Однако из-за финансовых трудностей я отказался от поступления в университет Йонсей. Вместо этого мне пришлось поступить в Корейскую военную академию, которая предоставляла полную стипендию в течение 4 лет. Когда мне было 29 лет, я работал в корейской армии в качестве наставника. К сожалению, я заболел туберкулезом легких, что вынудило меня демобилизоваться из армии.

После увольнения из корейской армии я работал профессиональным журналистом. Мне разрешалось присутствовать на многих пресс-конференциях не только в правительственных учреждениях, но и в крупных корпорациях. Много раз репортерам, участвовавшим в пресс-конференциях, давали большие конверты с денежными премиями, что было для меня взяткой. Когда я учился в Корейской военной академии, меня учили не брать взятки. Как репортер, я был свидетелем многих случаев, когда государственные и частные организации пытались использовать несправедливые и аморальные средства, чтобы скрыть свои неправомерные действия и незаконное поведение.

Мне пришлось уйти с работы репортера, потому что я не мог мириться со взяточничеством, несправедливостью и аморализмом, глубоко укоренившимися в обществе. В результате у меня некоторое время не было работы. В возрасте 30 лет я начал усердно молиться Богу не только о том, чтобы найти для себя достойную работу, но и о том, чтобы преобразовать корейское общество в общество без взяток, несправедливости и аморализма.

Однако Бог не ответил на мои молитвы. Тогда мне пришлось спросить у Бога, зачем Он создал меня и что Он хочет, чтобы я делал в течение своей жизни. Из Библии я узнал, что у Бога есть планы на меня, чтобы процветать мне и не вредить мне, планы дать мне надежду и будущее (Иеремия 29:11). Однако я задавался вопросом, почему мне пришлось пройти через самые трудные времена. Почти все шло от плохого к худшему.

➤ Я родился в семье бедных крестьян, живущих на небольшой ферме в Чхун-Чунг Нам До, Корея.

➤ У меня была мечта стать врачом, поступив на медицинский факультет, но из-за финансовых проблем мне пришлось отказаться от этой мечты.

➤ Я заболел туберкулезом легких, когда работал в Школе связи СВ.

➤ Мне пришлось лечь в больницу, что привело к прекращению моей военной карьеры.

➤ Мне пришлось оставить работу газетного репортера, потому что я не мог терпеть всевозможные взятки, несправедливость и безнравственность не только в корейском обществе, но и в корейском правительстве, государственных и частных организациях.

Пока я жаловался на то, что меня не благословляет Бог, я узнал, что есть несколько сфер, где Бог благословил меня, согласно Иеремии (29:11):

➤ Бог создал меня с интеллектуальными способностями, так что я смог выучить 1000 китайских иероглифов в возрасте 6 лет.

➤ Бог привел меня к получению высшей оценки в начальной школе и средней школе соответственно.

➤ Бог помог мне получить высший балл по английскому языку во время вступительного экзамена в Корейскую военную академию (КВА). В результате, я был принят в КВА.

➤ Бог привел меня к тому, что я получил высший балл по английскому языку на вступительном экзамене на получение полной стипендии для обучения в течение одного года в Школе связи СВ армии США в Нью-Джерси в 1965 году.

➤ Бог побудил меня стать свидетелем тех американцев, которые успешно достигли своей американской мечты, учась и оставаясь в Америке с полной стипендией, предоставленной Школой связи СВ армии США на 1 год с 1965 года.

➤ Бог привел меня к тому, чтобы стать профессиональным журналистом в результате сложнейшего конкурса, на который подали заявки более 200 человек.


Пока я обращался к Богу с молитвой обо всех «хороших и плохих ситуациях», которые происходили на протяжении 30 лет моей жизни, я понял, что у Бога были определенные цели, чтобы специально дать мне тяжелые времена. Когда я бросил работу профессионального репортера, потому что не мог терпеть взяточничество, социальную несправедливость и безнравственность, я понял, что Бог дает мне сигнал «сделать что-то», чтобы излечить общество Кореи, а не бежать от него.

Тогда я решил баллотироваться в депутаты Национального собрания от Данджин-Гуна, моего родного города. Я думал, что смогу принять законы, чтобы остановить или предотвратить подобные взятки, несправедливость и безнравственность. Когда я объявил о своем намерении баллотироваться в депутаты Национального собрания, мои друзья и выпускники начальной школы, средней школы, старшей школы и Корейской военной академии, а также мои родственники приветствовали мое решение. Однако через несколько месяцев мне вспомнилось интервью с новоизбранным депутатом Национального собрания о его взглядах на корейское общество. Он ответил, что не может ничего сделать как начинающий законодатель, хотя и сочувствует корейскому обществу, полному взяток, несправедливости и безнравственности.

Именно тогда я сказал себе, что новый закон не сможет мгновенно изменить корейское общество, которое глубоко укоренилось во взяточничестве, несправедливости и безнравственности. В это время мне вспомнилась Америка, где я пробыл один год в 1965 году. Америка была не только самой богатой и сильной страной в мире, но и самой законопослушной и щедрой страной в мире. Во время пребывания в Америке я посетил многие известные университеты, такие как Гарвард, Массачусетский технологический институт, Йельский университет, Колумбийский университет, Принстонский университет и другие университеты штатов, и пришел к выводу, что богатой, сильной, законопослушной и щедрой Америку сделало лучшее образование, созданное за последние 200 лет.

В то же время я пришел к выводу, что только национальное образование может преобразовать корейское общество в страну законопослушных, справедливых и нравственных граждан. Поэтому я решил не баллотироваться в национальные ассамблеи, а поехать в Америку, чтобы учиться и узнать все об образовании. В то же время я понял, что Божий план и вехи, уготовленные для меня - это преобразование корейского общества путем предоставления самого инновационного, эффективного и доступного образования для всех корейцев.

Своим жизненным видением я определил Божий план для меня, а именно: «Преобразовать корейское общество, предоставляя всем корейцам все самое инновационное, эффективное и доступное».

## 10.2 10 этапов, намеченных Богом для выполнения «Божьего плана для меня»

10 этапов, которые Бог наметил для меня, чтобы я смог достичь «Божьего плана для меня», выглядят следующим образом:

Этап 1: Бог создал меня по Своему образу и подобию для Своей славы (Бытие 1:27)

Этап 2: Бог наделил меня разумом и интеллектуальными способностями для отличной учебы и вел меня к успеху в учебе (Притчи Соломона 2:6)

Этап 3: Бог привел меня к выбору Корейской военной академии вместо университета Йонсей (Притчи Соломона 16:9)

Этап 4: Бог направил меня учиться в Школу связи сухопутных войск США в течение одного года с предоставлением полной стипендии (Притчи Соломона 16:9)

194

Этап 5: Бог показал мне американцев, которые успешно реализовали свою Американскую мечту (Притчи Соломона 16:9)

Этап 6: По воле Бога я встретил и женился на фармацевте Мок Джа Ким, чтобы через Иисуса Христа мы стали детьми Божьими (Ефесянам 1:5)

Этап 7: Бог привел меня к американской мечте через свидетельство коррумпированного корейского общества

Этап 8: По воле Бога я получил лучшее образование, знания и навыки лидерства и управления, необходимые мне для успешного достижения «американской мечты»

Этап 9: Благодаря Богу я смог осуществить американскую мечту в Америке и реализовать задуманное

Этап 10: Благодаря Богу я достиг Божьего плана, который был создан для меня, познал свое жизненное видение, основал и успешно управляю университетом IGlobal

## 10.3. Божьи слова, которые направляют меня к исполнению Божьих целей, планов и этапов

Библейские стихи (в новой международной версии, включая, но не обязательно ограничиваясь следующими), которые помогли мне открыть Божью цель, план и 10 этапов, которые Бог определил для меня:

**1.Бытие 1:27**

«И сотворил Бог человека по образу Своему, по образу Божию сотворил его; мужчину и женщину сотворил их»

**2.Исаия 43:7**

«Каждого, кто называется Моим именем, кого Я сотворил для славы Моей, образовал и устроил»

**3.Иеремия 29:11**

«Ибо только Я знаю намерения, какие имею о вас, говорит Господь, намерения во благо, а не на зло, чтобы дать вам будущность и надежду»

**4.Притчи Соломона 16:9**

«Сердце человека обдумывает свой путь, но Господь управляет шествием его»

**5.Ефесянам 1:5**

«Предопределив усыновить нас Себе чрез Иисуса Христа, по благоволению воли Своей»

**6.Иоанна 3:16**

«Ибо так возлюбил Бог мир, что отдал Сына Своего Единородного,

дабы всякий верующий в Него, не погиб, но имел жизнь вечную»

**7.Откровение 3:20**

«Се, стою у двери и стучу: если кто услышит голос Мой и отворит дверь, войду к нему и буду вечерять с ним, и он со Мною»

**8.От Матфея 28:19-20**

«[19] Итак, идите, научите все народы, крестя их во имя Отца и Сына и Святаго Духа,

[20] уча их соблюдать всё, что Я повелел вам; и се, Я с вами во все дни до скончания века».

**9.Деяния апостолов** 1:8

«Но вы примете силу, когда сойдёт на вас Дух Святой; и будете Мне свидетелями в Иерусалиме и во всей Иудее и Самарии и даже до края земли»

**10.Притчи Соломона 16:3**

«Во всех делах твоих обращайся за помощью к Господу, и тогда тебя ждет успех»

**11.Филиппийцам 4:13**

«Все могу в укрепляющем меня Иисусе Христе»

**12.Псалом 23**

**[1] Господня земля и что наполняет её, вселенная и все живущее в ней.**

**[2] ибо Он основал её на морях и на реках утвердил её,**

³ Он освежает мою душу. Он направляет меня по верным путям ради имени Своего.

### 13.1 Фессалоникийцам 5:16-18

¹⁶ Всегда радуйтесь,

¹⁷ Непрестанно молитесь,

¹⁸ За все благодарите, ибо такова о вас воля Божия во Христе Иисусе.

### 10.4. Подведение итогов и заключение

В 1939 году Бог создал меня по образу Божьему (Бытие 1:27) для Своей славы (Исаия 43:7). В 1939 году Бог установил для меня Свой план и вехи (Иеремия 29:11).

В 1968 году Бог побудил меня открыть и определить видение моей жизни и 10 вех, основанных на Его плане и вехах (Притчи Соломона 16:9).

С 1968 по 2020 год я выполнил 10 вех под Божьим руководством (Притчи Соломона 16:9).

В процессе достижения американской мечты с 1990 по 2002 год Бог вел меня к успешному завершению строительства международного аэропорта Инчхон.

С 2008 года, в процессе достижения 10-й вехи, Бог сосредоточился на изменении мира, дав мне возможность основать университет IGlobal в Америке, а не в Корее.

**Считаю, что я прославил Бога, выполнив «Божий план для меня» в 2020 году, когда я осуществил свой жизненный замысел в области глобального образования. Однако Бог сказал: «Еще нет, Дэвид!» и повелел мне: «Будь Моим свидетелем во всех уголках света, пока ты жив! Это часть Моего Плана для тебя, Давид!»**

**Поэтому я решил донести до мира: (1) «У Бога есть планы для всех людей (Иеремия 29:11)», (2) «Бог направляет их к исполнению Божьих планов (Притчи Соломона 16:9)», (3) «Как я узнал Божий план и вехи для меня и установил их в соответствии с собственным жизненным видением и вехами» и (4) «Как я успешно их исполнил».**

**Октябрь, 2022 год.**
**Др.Дэвид Сон**
**Потомак, штат Мэриленд, США.**

# ЭПИЛОГ

Я опубликовала мемуары «Божественные вехи» на английском языке в марте 2016 года, через 8 лет после основания университета IGlobal. Я и раньше думал о том, чтобы написать свои мемуары, но у меня никак не получалось. В 2016 году мне пришлось опубликовать ее в спешке по следующим трем причинам:

(1) привлечь и набрать студентов в IGU;

(2) подробно рассказать двум моим сыновьям и четырем внукам, все из которых родились в США, об истории моей жизни; и

(3) использовать книгу как косвенный инструмент миссионерства для многих студентов, которые познакомившись с ней стали познавать Бога, Его Сына, Иисуса Христа, и Святого Духа.

В результате к 2020 году многие студенты из более чем 50 стран поступили и закончили IGU, а мои сыновья и внуки прочитали мою автобиографию несколько раз. Кроме того, поскольку я являюсь президентом IGU, многие друзья в Facebook, особенно иностранные студенты, просят стипендии, потому что они прочитали мою автобиографию через Amazon.com. Иногда я непрямым образом проверяю, прочитали они книгу или нет, задавая вопросы о содержании моих книг, особенно о Боге, через Facebook Messenger. В связи с этим я подумал, что все три цели поспешной публикации моих мемуаров, написанных в 2016 году, были достигнуты.

В Монголии я перевел свои мемуары на английском языке на монгольский и распространил их среди монгольских студентов, которые хотели учиться в США. В 2021 году я решил опубликовать корейскую версию своих мемуаров, но мне пришлось добавить много событий, произошедших с 2016 по 2021 год.

Мои мемуары на английском языке - почти зеркальное отражение моих мемуаров на корейском языке, хотя они включают несколько дополнительных элементов и фотографий. После публикации мемуаров на английском языке они будут переведены на вьетнамский, монгольский, казахский и испанский языки. Я использовал один и тот же подзаголовок *«Глобальное видение за пределами Американской мечты»* для всех версий моих мемуаров не только потому, что я мечтал об американской мечте в 1968 году в Корее и достиг восьмого рубежа как части процесса реализации моей мечты всей жизни, но и потому, что американская мечта советует всем людям во всем мире преуспеть в жизни, упорно работая. Выражение «за пределами» означает «после того, как я достигну Американской мечты» и «за пределами Америки, а именно «глобально». Поэтому книга «Глобальное видение за пределами Американской мечты» - это видение моей жизни в области глобального образования, которое я реализовал после того, как достиг американской мечты».

Когда я выступал с речами перед иностранными студентами, я представил оригинальное определение американской мечты, процитировав высказывание Джудит Бардвик: *«Если вы будете усердно работать, вы станете более успешными, чем были ваши родители».*

Из-за такого подзаголовка я получил много запросов на лекции и обнаружил, что многие студенты по всему миру хотят мечтать и достичь американской мечты, как это сделал я. Университет одной страны специально запросил лекцию так как хотел услышать подробные истории об американской мечте и строительстве международного аэропорта Инчхон.

С 2016 по 2019 год я посетил Индию, Монголию, Вьетнам, Казахстан, Иорданию и Израиль, объясняя более чем 5 000 студентов колледжей и университетов «как я достиг американской мечты» и «как моя компания построила международный аэропорт Инчхон». Также я подробно читал лекции, объясняя «Божий план для нас, людей» (Иеремия 29:11). Я объяснил, как я узнал о Божьем плане, определил свое жизненное видение и достиг его, и как Бог вел меня к достижению моего видения» (Притчи Соломона 16:9).

Я вышел на пенсию, оставив свои полномочия президента IGU в октябре 2020 года. Несмотря на то, что я успешно реализовал свое собственное жизненное видение, открытое из Божьего плана для меня, Бог повелевает мне распространить мою успешную историю среди людей по всему миру.

По этой причине я хочу перевести свои английские мемуары на многие языки и читать лекции многим людям, особенно молодежи, пока я жив.

Я бесконечно благодарен Богу за то, что Он так благословил мою жизнь и мою семью. Он позволил мне узнать Божий план и вехи для меня, преобразовать их в мое собственное жизненное видение и направил меня к успешному достижению моего жизненного видения.

Бог не только направил меня к успешному достижению моего жизненного видения, но и дал мне почувствовать радость во многих процессах. Например, моим жизненным видением было не только «преобразование мира путем предоставления самого инновационного, эффективного и доступного образования всем людям». Я предоставлял такое образование в первую очередь тем, кто «недостаточно обеспечен финансово, физически и/или социально».

Тот факт, что я предоставил полную стипендию Монейму Зрибри, незрячему студенту из Туниса, для получения степени Магистра делового администрирования, который с отличием окончил университет IGlobal, свидетельствует о полном воплощении моего видения. Получив степень Магистра в университете IGU, этот тунисский студент вернулся на родину, продолжил обучение и получил степень Доктора философии с области делового администрирования в местном университете. Сейчас он работает деканом своего онлайн-колледжа в Тунисе и всегда выражает мне свою благодарность за полученную возможность, которую я ему предоставил в виде полной стипендии.

Моя жена является соучредителем Фонда «Дети мира», который с момента своего основания в 1968 году занимается помощью обездоленным детям во всем мире. Фонд, насчитывающий 6 000 человек, помог более чем 500 000 детям в более чем 40 странах, пожертвовав более 4 миллионов долларов.

Мы с женой хотим продолжать посвящать свою жизнь помощи и обучению людей, находящихся в неблагоприятном финансовом, физическом и/или социальном положении, а также косвенному миссионерству, пока мы живы.

Октябрь, 2022г.
Автор: Доктор Дэвид Сон
Потомак, Мэриленд, США.

Printed in the United States
by Baker & Taylor Publisher Services